KÖNIGS ERLÄUTERUNGEN

Band 337

Textanalyse und Interpretation zu

Bov Bjerg

AUERHAUS

Wolfgang Reitzammer

Alle erforderlichen Infos für Abitur, Matura, Klausur und Referat plus Musteraufgaben mit Lösungsansätzen

Zitierte Ausgabe:
Bjerg, Bov: *Auerhaus*. Stuttgart: Ernst Klett Sprachen, 2016. Zitatverweise dieser Ausgabe sind mit **K** gekennzeichnet.
Bjerg, Bov: *Auerhaus*. Berlin: Aufbau Verlag, 2017. Zitatverweise dieser Ausgabe sind mit **A** gekennzeichnet.

Über den Autor dieser Erläuterung:
Wolfgang Reitzammer, geb. 1951, Studiendirektor a. D., Seminarleiter und -lehrer für das Fach Sozialkunde, unterrichtete am Christian-Ernst-Gymnasium Erlangen Deutsch, Sozialkunde und Geschichte; Schulbuchautor, Verfasser didaktischer Aufsätze, Tätigkeit als Herausgeber, Dozent für Deutsch und Sozialkunde an der FH, am Pädagogischen Institut Nürnberg und an der Volkshochschule, Verantwortlicher des Kultur-Blogs www.cooltourist.de.

Das Werk und seine Teile sind urheberrechtlich geschützt. Jede Verwertung in anderen als den gesetzlich zugelassenen Fällen bedarf der vorherigen schriftlichen Einwilligung des Verlages. Hinweis zu § 52 a UrhG: Die öffentliche Zugänglichmachung eines für den Unterrichtsgebrauch an Schulen bestimmten Werkes ist stets nur mit Einwilligung des Berechtigten zulässig.

1. Auflage 2017
ISBN: 978-3-8044-2038-0
PDF: 978-3-8044-6038-6, EPUB: 978-3-8044-7038-5
© 2017 by Bange Verlag GmbH, 96142 Hollfeld
Alle Rechte vorbehalten!
Titelabbildung: © ullstein bild – Mayall
Druck und Weiterverarbeitung: Tiskárna Akcent, Vimperk

INHALT

1. DAS WICHTIGSTE AUF EINEN BLICK – SCHNELLÜBERSICHT 6

2. BOV BJERG: LEBEN UND WERK 11

   2.1 Biografie 11
   2.2 Zeitgeschichtlicher Hintergrund 13
   2.3 Angaben und Erläuterungen zu wesentlichen Werken 19

3. TEXTANALYSE UND -INTERPRETATION 22

   3.1 Entstehung und Quellen 22
   3.2 Inhaltsangabe 23
   3.3 Aufbau 33
   3.4 Personenkonstellation und Charakteristiken 36
       Der Ich-Erzähler 38
       Frieder Wittlinger 41
       Vera 44
       Cäcilia Schreiner 44
       Pauline 45
       Harry 45
   3.5 Sachliche und sprachliche Erläuterungen 47
   3.6 Stil und Sprache 56
       Die Erzählhaltung 56
       Die Erzähltechnik 58

Die Sprachebene	60
Jugendsprache	60
Bildliche Vergleiche	63
Syntax	64
3.7 Interpretationsansätze	66
Zentrale Dingsymbole im Roman	66
Gattungsbezug: *Auerhaus* als Adoleszenzroman	70
Auerhaus als utopischer Roman über das richtige Leben	73
Der Schülersuizid – Gründe für Frieders „Freitod"	75
Der Roman als „Mixtape"	84
Die Intertextualität im Roman	88
Um ein Leben reden: Formen der Kommunikation im Roman	91

4. REZEPTIONSGESCHICHTE — 94

5. MATERIALIEN — 104

Die Songs im Roman	104
Alfred Adler: *Wozu leben wir?*	107
Alex Rühle: *Schwäbische Lagune*	110
Bov Bjerg: *Deadline*	113

6. PRÜFUNGSAUFGABEN   118
   MIT MUSTERLÖSUNGEN

LITERATUR   132

STICHWORTVERZEICHNIS   136

1. DAS WICHTIGSTE AUF EINEN BLICK – SCHNELLÜBERSICHT

Damit sich jeder Leser in unserem Band rasch zurechtfindet und das für ihn Interessante gleich entdeckt, hier eine Übersicht:

Im 2. Kapitel wird **Bov Bjergs Leben und Werk** kurz vorgestellt. Dazu wird auch der **zeitgeschichtliche Hintergrund der Jahre 1980–1986** erläutert.

⇨ S. 11 f.
→ Bov Bjerg wurde **1965** geboren und hat sich nach einem Studium der Politik- und Literaturwissenschaft etwa ab dem Jahr 1989 – wohnhaft in **Berlin** – vor allem schriftstellerisch betätigt. Sein erster Roman erschien im Jahre 2008.

⇨ S. 13 ff.
→ Die **frühen 80er Jahre**, in denen der Roman spielt, sind geprägt durch die Folgen des **RAF-Terrorismus** in Deutschland, durch die erste Kanzlerschaft von **Helmut Kohl** und durch die Etablierung der Partei **DIE GRÜNEN** als neue Fraktion im Deutschen Bundestag.

Im 3. Kapitel bieten wir eine Textanalyse und -interpretation.

Auerhaus – Entstehung und Quellen:

⇨ S. 22
Der Roman ist im Oktober 2015 im Verlag Blumenbar, einem Imprint des Berliner Aufbau Verlags, erschienen.

Der Verfasser sagt, er habe sich beim Schreiben einfach nur daran erinnern müssen, was er selbst **als Abiturient in einer WG** erlebt habe. Einzelne Passagen des Romans habe er vor der Veröffentlichung auf **Lesebühnen** vorgetragen.

| 4 REZEPTIONS- | 5 MATERIALIEN | 6 PRÜFUNGS- |
| GESCHICHTE | | AUFGABEN |

Inhalt:

Der Roman besteht aus drei Hauptkapiteln mit sehr unterschiedlicher Länge. Darin wird die Geschichte von **sechs Jugendlichen** erzählt, die in ihrem letzten Schuljahr in einer **Wohngemeinschaft** zusammenleben.

⇨ S. 23 ff.

Chronologie und Schauplätze:

Der Roman spielt im **Zeitraum von etwa einem Jahr (ca. 1982/83)** in einem kleinen Dorf auf der schwäbischen Alb. Vier Jugendliche gehen in der nahegelegenen Stadt auf ein Gymnasium und stehen kurz vor dem Abitur, sie ziehen ins Auerhaus, zwei weitere Jugendliche stoßen hinzu. Durch Rückblenden und Vorausschauen werden auch frühere Entwicklungen und die Zukunft der einzelnen Personen thematisiert.

⇨ S. 33 ff.

Personen:

Die Hauptpersonen sind

Der Ich-Erzähler:

⇨ S. 38 ff.

→ Nachname: Höppner
→ zwischen 18 und 19 Jahre alt
→ besucht die Abschlussklasse (= 13. Jahrgangsstufe) des Gymnasiums
→ jobbt neben der Schule auf einer Hühnerfarm
→ lebt am Anfang noch mit seinen zwei jüngeren Schwestern bei seiner Mutter und deren Freund
→ fühlt sich für seinen suizidgefährdeten Freund Frieder verantwortlich
→ scheitert wegen eines fehlenden Punktes beim Abitur und versagt dann bei der anstehenden mündlichen Prüfung

→ um der Einberufung zur Bundeswehr zu entgehen, verlegt er seinen Wohnsitz später nach West-Berlin

⇨ S. 41 ff.

Frieder Wittlinger:
→ zwischen 18 und 19 Jahre alt
→ besucht die Abschlussklasse (= 13. Jahrgangsstufe) des Gymnasiums
→ hat mit den Schlaftabletten seiner Mutter und mit zwei Liter griechischem Wein einen Selbstmordversuch unternommen, wurde aber von seinem Vater im letzten Moment noch aufgefunden
→ zieht als therapeutische Maßnahme in die Wohngemeinschaft
→ macht nach dem Abitur eine Lehre als Fahrradmechaniker
→ begeht dann doch noch „erfolgreich" Selbstmord
→ hochbegabt, aber unfähig zur Anpassung an gesellschaftliche Normen
→ ein tendenziell anarchischer Typ, der immer hart an der Illegalität agiert

⇨ S. 44

Vera:
→ zwischen 18 und 19 Jahre alt
→ besucht die Abschlussklasse (= 13. Jahrgangsstufe) des Gymnasiums
→ befreundet mit dem Ich-Erzähler
→ entschließt sich zur Teilnahme an der Wohngemeinschaft

⇨ S. 44 f.

Cäcilia Schreiner:
→ zwischen 18 und 19 Jahre alt
→ besucht die Abschlussklasse (= 13. Jahrgangsstufe) des Gymnasiums

- → schließt sich aus sozialer Verantwortung der Wohngemeinschaft an
- → ist aber die erste, die sich aus der Gemeinschaft des Auerhauses wieder löst, weil sie wohl befürchtet, dass der schlechte Ruf ihrer Mitbewohner ihre berufliche Karriere gefährden könnte

Pauline: ⇨ S. 45

- → zusammen mit Frieder Insassin der Nervenheilanstalt
- → dort ist sie wegen Brandstiftung eingeliefert worden
- → wird später auch Mitglied der Wohngemeinschaft
- → muss am Ende für zehn Jahre ins Gefängnis wegen einer Brandstiftung mit Todesfolge

Harry (Harald Calabrese): ⇨ S. 45 f.

- → Elektrikerlehrling aus Stuttgart
- → weil er sich als schwul outet, wird er von seinem Vater verprügelt
- → wird später auch Mitglied der Wohngemeinschaft
- → verdient in der Stadt nebenbei Geld als Strichjunge und als Drogendealer

Stil und Sprache:

- → Der Roman verwendet durchgehend die Ich-Erzählhaltung. ⇨ S. 56 ff.
  Daraus folgt fast zwangsläufig, dass beide möglichen Erzählperspektiven vorhanden sind: die **Außensicht** und die **Innensicht**. Der Standort des Erzählers ist mitten im Geschehen, dennoch hat er nur eine begrenzte Sicht auf die Dinge. Dies hängt auch damit zusammen, dass es sich bei dem Ich-Erzähler um einen ca. 18-jährigen Jugendlichen handelt.
- → Als sprachliche Darbietungsweisen werden verwendet: der epische Bericht, der Kommentar des Ich-Erzählers, einmontierte ⇨ S. 58 ff.

Versatzstücke (Zeitungsnachrichten), die direkte Rede und die indirekte Rede.

⇨ S. 60 ff.
→ Die Sprachebene ist – passend zu dem Ich-Erzähler – eine Form der Jugendsprache. Dementsprechend erweist sich der Satzbau im Roman als überwiegend kurzschrittig und parataktisch.

Als Interpretationsansätze bieten sich an:

⇨ S. 66 ff.
→ Die Betrachtung und Deutung der zentralen Dingsymbole im Roman,
→ der Gattungsbezug des Romans als Adoleszenzroman und der Vergleich mit ähnlichen Werken,
→ der inhaltliche Schwerpunkt von *Auerhaus* als ein utopischer Roman über das richtige Leben,
→ die Frage nach den Gründen für den Selbstmord von Frieder und der Vergleich mit anderen Romanen, die Selbstmorde von Jugendlichen thematisieren,
→ die Rolle der Musik für die Protagonisten des Romans,
→ die Beziehung des Romans *Auerhaus* zu anderen vorkommenden Texten (Intertextualität) und
→ die Formen der verbalen und nonverbalen Kommunikation im Roman.

2. BOV BJERG: LEBEN UND WERK

2.1 Biografie

JAHR	ORT	EREIGNIS	ALTER
1965	Heiningen, eine Gemeinde im Landkreis Göppingen, Baden-Württemberg, am Fuße der Schwäbischen Alb mit ca. 5000 Einwohnern, ca. 5 km von Göppingen, ca. 50 km von Stuttgart entfernt	Geburt; bürgerlicher Name: Rolf Böttcher	
ab 1984	Berlin/Amsterdam/Leipzig	Studium der Linguistik, Politik- und Literaturwissenschaften Absolvent des Deutschen Literaturinstituts Leipzig	19
ab 1989	Berlin	Gründung der Literaturzeitschrift „Salbader" Initiierung mehrerer Berliner Lesebühnen: *Dr. Seltsams Frühschoppen*, *Mittwochsfazit* und die *Reformbühne Heim & Welt* Mitarbeit im Musikkabarett *Zwei Drittel* als Schauspieler, Autor und Koch	24
ab 1992	Berlin	Verfasser der Kolumne *Nachgefragt* für die Berliner Stadtzeitung „scheinschlag"	27
ab 1997	Berlin	Redakteur der Satirezeitschrift „Eulenspiegel" Verfasser des *Kabarettistischen Jahresrückblicks* Leiter von Kursen für Erwachsene (Improvisation und Schreiben) und Jugendliche (deutsch/tschechisch, Szenisches Schreiben)	32

Bov Bjerg (* 1965)
© picture alliance / Frank May

2.1 Biografie

JAHR	ORT	EREIGNIS	ALTER
2004	Berlin	Literarisches Debüt mit der Kurzgeschichte *Howyadoin*	39
2008	Berlin	Erscheinen des ersten Romans *Deadline*	43
2015	Berlin	Großer Erfolg und literarischer „Durchbruch" mit dem Roman *Auerhaus*	50
2016	Berlin	*Die Modernisierung meiner Mutter* (Erzählungen) erscheint.	51

2.2 Zeitgeschichtlicher Hintergrund

2.2 Zeitgeschichtlicher Hintergrund

> Die frühen 80er Jahre, in denen der Roman spielt, sind geprägt durch die Folgen des RAF-Terrorismus in Deutschland, durch die erste Kanzlerschaft von Helmut Kohl und durch die Etablierung der Partei DIE GRÜNEN als neue Fraktion im Deutschen Bundestag.

ZUSAMMEN-
FASSUNG

Da man davon ausgehen kann, dass der Roman auch autobiografische Züge trägt, lässt sich das Geschehen in die Jahre 1982/83 einordnen. Zeittypische Elemente, die im Roman auftauchen, sind:

Der Kassettenrekorder

Ende August 1963 wurde auf der Internationalen Funkausstellung in West-Berlin die Philips Compact Cassette vorgestellt – zusammen mit dem ersten Kassettenrekorder. Der Kassettenrekorder war ein handliches und tragbares Gerät zur Aufnahme von Audio-Signalen, er sollte die damals populären, aber sehr unpraktischen Spulentonbandgeräte ablösen. Kompaktkassetten waren wiederbespielbare Magnetbänder mit Laufzeiten von 45 bis 120 Minuten. Seitdem wurden weltweit ca. 100 Milliarden Kassetten verkauft. 1979 brachte die Firma Sony den sogenannten Walkman auf den Markt, ein noch kleineres Abspielgerät, das man leicht mit sich führen konnte. Schon ab 1983 eroberte die Compact Disc (CD) die Wohnstuben; ihr großer Vorteil ist das verschleißfreie optische Laser-Abtastverfahren und der Wegfall von Störgeräuschen. Bei der Kompaktkassette gab es dagegen immer die Gefahr des „Bandsalats" und ein störendes Rauschen bei längerer Benutzung. Mit dem Siegeszug der digitalen Tonaufzeichnung (z. B. MP3-Format) nahm die Be-

Kassettenrekorder
und Walkman

2.2 Zeitgeschichtlicher Hintergrund

deutung von Kassettenrekordern seit dem Ende der 1990er Jahre stetig ab.

Gewissenprüfung, Kriegsdienstverweigerung, Wehrpflicht, Zivildienst, Wohnort in West-Berlin, um der Wehrpflicht zu entgehen

Regelung im Grundgesetz

In der Bundesrepublik Deutschland galt am Anfang der 80er Jahre der Artikel 12 a GG: „(1) Männer können vom vollendeten achtzehnten Lebensjahr an zum Dienst in den Streitkräften ... verpflichtet werden ... (2) Wer aus Gewissengründen den Kriegsdienst mit der Waffe verweigert, kann zu einem Ersatzdienst verpflichtet werden."[1] Absatz 2 bezog sich dabei auf den Artikel 4 Absatz 3 GG: „Niemand darf gegen sein Gewissen zum Kriegsdienst mit der Waffe gezwungen werden."[2]

Verweigerung und Gewissensprüfung

Deswegen musste man nach oder vor der Musterung einen Antrag auf Verweigerung des Kriegsdienstes stellen. Danach wurde man vor einer dreiköpfigen Kommission zu einer mündlichen Gewissensprüfung geladen. Diese Kommission sollte überprüfen, ob der Verweigerer stichhaltige Gewissengründe vortragen kann. Dabei wurden teilweise auch Fangfragen gestellt, wie sie der Ich-Erzähler auf den Seiten K 91 f./A 133–135 des Romans *Auerhaus* beschreibt.

1977 sollte die umstrittene Gewissensprüfung durch ein neues Gesetz der damaligen SPD/FDP-Regierung abgeschafft werden. Eine einfache Erklärung (sog. „Postkartenregelung") sollte genügen. Dieses Gesetz wurde vom Bundespräsidenten Walter Scheel wegen verfassungsrechtlicher Bedenken nicht unterschrieben

---

[1] Auszug aus dem Grundgesetz für die Bundesrepublik Deutschland, im Internet unter: https://www.gesetze-im-internet.de/gg/art_12a.html (Stand März 2017)
[2] Auszug aus dem Grundgesetz für die Bundesrepublik Deutschland, im Internet unter: https://www.gesetze-im-internet.de/gg/art_4.html (Stand März 2017)

2.2 Zeitgeschichtlicher Hintergrund

und vom Bundesverfassungsgericht als nicht verfassungskonform beurteilt. Damit galt zunächst wieder die alte Regelung.

Als Kompromiss wurde 1983 vom Bundestag eine Gesetzesänderung beschlossen, nach der ein Kriegsdienstverweigerer eine ausführliche, stichhaltige schriftliche Begründung seiner Motive vorlegen musste.

Aufgrund des besonderen entmilitarisierten Status der Stadt Berlin (stand bis 1990 unter der Verwaltung der vier Siegermächte) unterlagen Männer, die ihren Wohnsitz in West-Berlin hatten, nicht der Wehrpflicht. Dies wurde erst mit dem Inkrafttreten des Einigungsvertrags vom 3. 10. 1990 hinfällig.

Sonderstatus von West-Berlin

Im Jahre 2011 wurde die Wehrpflicht ausgesetzt; damit war auch der Zivildienst als Ersatzdienstpflicht abgeschafft.

RAF-Terrorismus

Als erste Generation der RAF („Rote Armee Fraktion") bezeichnet man gemeinhin die Gruppe von deutschen Terroristen, die sich seit Anfang 1970 um die zentralen Figuren Andreas Baader, Gudrun Ensslin und Ulrike Meinhof bildete und die bis Ende 1974 nicht nur zahlreiche Banküberfälle, sondern auch Bombenanschläge auf amerikanische Militäreinrichtungen, deutsche Sicherheitsbehörden und ihre Vertreter sowie Medienunternehmen mit einer Gesamtbilanz von vier Toten und 41 Verletzten verübten.

Die 1970er Jahre

Mit der Besetzung der deutschen Botschaft in Stockholm im April 1975 begann eine neue Qualität des Terrorismus in Deutschland: es wurde rücksichtsloser, brutaler und internationaler vorgegangen als je zuvor. Gleichzeitig verübte die RAF gezielte Mordanschläge gegen führende Persönlichkeiten in Staat und Wirtschaft, so gegen den Generalbundesanwalt Siegfried Buback (7. April 1977) und den Vorstandsvorsitzenden der Dresdner Bank Jürgen Ponto (30. Juli 1977). Als am 5. September 1977 Arbeitgeberpräsident

2.2 Zeitgeschichtlicher Hintergrund

Hanns-Martin Schleyer mit dem Ziel entführt wurde, die Inhaftierten in Stuttgart-Stammheim freizupressen und am 13. Oktober 1977 palästinensische Terroristen zur Unterstützung die Lufthansa-Maschine „Landshut" entführten, eskalierte die Situation.

Es kam zu einer Odyssee des entführten Flugzeugs von Rom über Larnaka/Zypern, Dubai/Bahrain, Aden/Jemen nach Mogadischu/Somalia, zur Ermordung des Flugkapitäns Schumann, zur Befreiung der Geiseln durch die GSG 9, zum Tod dreier Entführer. Darauf folgten die Selbstmorde von Baader, Raspe und Ensslin in Stuttgart-Stammheim und die Ermordung Hanns-Martin Schleyers.

Die 1980er Jahre

Am Anfang der 1980er Jahre gab es eine programmatische Neuausrichtung der RAF, die im sogenannten Mai-Papier von 1982 „Guerilla, Widerstand und antiimperialistische Front" deutlich wird. Ausgehend von der Kritik der Ereignisse des Jahres 1977 wurde ein Strategiewechsel der RAF angekündigt. Bei der Umsetzung dieser Strategie scheiterte die RAF zunächst im Dezember 1984 mit einem Anschlag auf die NATO-Schule in Oberammergau. Im Januar und Februar 1985 wurden in abgestimmten Aktionen mit der *Action Directe* (AD) der französische General René Audran und der Industrielle Ernst Zimmermann ermordet. Wenig später übernahm die RAF gemeinsam mit der AD die Verantwortung für den Anschlag auf die US-Airbase in Frankfurt im August 1985, bei dem zwei Menschen getötet und 23 verletzt wurden.

Bis 1990 fanden fünf weitere gezielte Morde statt, im Juli 1986 an Siemens-Vorstandsmitglied Karl Heinz Beckurts und seinem Fahrer Eckhard Groppler, im Oktober 1986 an Gerold von Braunmühl, Abteilungsleiter im Auswärtigen Amt, im November 1989 am Vorstandssprecher der Deutschen Bank Alfred Herrhausen. Dagegen scheiterten Anschläge 1988 auf den Finanzstaatssekretär Hans Tietmeyer und 1990 auf den Staatssekretär im Bundesinnenministerium Hans Neusel.

2.2 Zeitgeschichtlicher Hintergrund

Am 1. April 1991 schließlich wurde der Vorsitzende der Treuhandanstalt Detlev Karsten Rohwedder das letzte Opfer eines Mordanschlags der RAF. Im März 1998 verfasst die RAF ihre Auflösungserklärung und stellt fest, dass die „Stadtguerilla in Form der RAF [...] nun Geschichte"[3] ist.

Die 1990er Jahre

Die Telefonzelle

Öffentliche Münztelefonzellen wurden zunehmend unrentabel, da die Betriebskosten für die 1984 in der Bundesrepublik Deutschland vorhandenen ca. 130.000 Telefonzellen die Einnahmen von jährlich rund 250 Millionen DM überstiegen. Damals waren noch rund 2,3 Millionen Haushalte in Deutschland auf Telefonzellen angewiesen. Ende 2015 gab es nur noch insgesamt ca. 27.000 öffentliche Telefonzellen.

Das Symbol Telefonzelle (vgl. im Roman *Auerhaus* Seite K 46 f./A 66) verweist auf die besondere Kommunikationssituation der Bewohner des Auerhauses in den frühen 80er Jahren: sie besaßen kein Smartphone, keinen Computer mit Internetanschluss, kein Festnetztelefon im Haus, vermutlich auch keinen Fernsehapparat. Deshalb spielt die direkte Kommunikation auch eine sehr große Rolle: man redet miteinander!

---

[3] Vgl. Internetseite der Bundeszentrale für politische Bildung, Zeitstrahl zur RAF:
http://www.bpb.de/fsd/rafzeitleiste/index.php (Stand März 2017).

2.2 Zeitgeschichtlicher Hintergrund

Weitere Ereignisse in der Jahren 1982–1986

JAHR	EREIGNIS
1982	Helmut Kohl wird deutscher Bundeskanzler (1. Oktober)
1983	Die Wochenzeitschrift „Stern" veröffentlicht gefälschte Hitler-Tagebücher Durchsetzung des NATO-Doppelbeschlusses Vorgezogene Bundestagswahl im März; mit 5,6 Prozent Stimmen und 27 Abgeordneten ziehen „Die Grünen" erstmals in den Deutschen Bundestag ein Erste sog. „Chaostage" in Hannover: als Chaostage werden forthin Treffen von Punks in verschiedenen Städten bezeichnet, die mit Aufrufen zu Gewalt und Zerstörung im Vorfeld und großer medialer Aufmerksamkeit einhergehen[4]
1984	Richard von Weizsäcker wird Bundespräsident Die Hungerkatastrophe in Äthiopien bewirkt eine Welle der Hilfsbereitschaft
1985	Rede von Richard von Weizsäcker zum 40-jährigen Ende des Zweiten Weltkriegs Michail Gorbatschow wird Generalsekretär der KPdSU; in den folgenden Jahren werden in der Sowjetunion Wandlungsprozesse eingeleitet, die unter den Schlagwörtern Perestroika und Glasnost bekannt werden
1986	Nach einer Attentatsserie von Libyern, unter anderem auf die West-Berliner Diskothek La Belle, verhängen die USA ein Wirtschaftsembargo gegen das nordafrikanische Land und fliegen Luftangriffe auf Tripolis und Bengasi Atomreaktor-Katastrophe in Tschernobyl (26. April) Großdemonstration gegen Raketenstationierung im Hunsrück

---

4 Vgl. Wikipedia: https://de.wikipedia.org/wiki/Chaostage (Stand März 2017).

2.3 Angaben und Erläuterungen zu wesentlichen Werken

Werkübersicht

2004	*Howyadoin* (Kurzgeschichte)
2008	*Deadline* (Roman)
2015	*Auerhaus* (Roman)
2016	*Die Modernisierung meiner Mutter* (Geschichten)

Preise und Auszeichnungen

1975	Lobende Erwähnung beim Lego-Wettbewerb der Kreissparkasse Göppingen
1996	Gewinner beim „*Theodor W. Adorno-Ähnlichkeitswettbewerb*" der Zeitschrift „Titanic" (zusammen mit Horst Evers)
2000	Kleinkunstgral „Goldener Schoppen"
2001	Klagenfurter Literaturkurs
2002	Deutscher Kabarettpreis (Programmpreis) für die Kabarettgruppe *Mittwochsfazit*
2004	Gewinner des MDR-Literaturpreises für *Howyadoin*

Erläuterungen zu einzelnen Werken

Die Kurzgeschichte *Howyadoin* (2004) erzählt von „German Hermans" Abenteuer auf einem amerikanischen Campingplatz nahe einer Eisenbahnlinie und eines US-Bundesgefängnisses.

Kurzgeschichte Howyadoin

Der Roman *Deadline* (2008) ist zurzeit vergriffen, das Hörbuch ist noch lieferbar. Auszüge erschienen in der Literaturzeitschrift „Akzente" und in der Wochenzeitung „Jungle World".

Roman Deadline

2.3 Angaben und Erläuterungen zu wesentlichen Werken

Der Roman hat 143 Seiten. Das Hörbuch (mp3-CD bei Silberblick-Musik erschienen) hat eine Laufzeit von etwas mehr als vier Stunden: es enthält zum einen den ganzen Roman, gelesen vom Autor; dazwischen sind kurze Musiken von Andreas Albrecht eingeblendet.

Hauptperson des ziemlich schwer verständlichen Romans ist Paula, eine Übersetzerin von Beruf, „die stets die ‚Deadline' für ihre Texte, im von Donuts dick gewordenen Nacken" hat –, „sie erweist sich als eine präzise Sezierin, die Dinge genau und technisch korrekt benennt"[5]. Weitere handelnde Personen sind ihre Mutter, einst Arbeiterin in der Modelleisenbahnfabrik, dazu eine Schwester, zwei Neffen und ein Schwager. Ort der „Handlung" ist die Schwäbische Alb, ein Kinderzimmer, verschiedene Dorfrandsiedlungen, eine steil ansteigende Straße.

„Es geht in dem Buch um Amerikaner und Deutsche, um den Tod, um Selbstmord und das Leben, um Erinnerungen und Familiengeschichten, um Stehen und Liegen von Koffern, Häusern, Straßen, Steinen und Menschen, um ‚dieses Zusammen von senkrecht und waagrecht, Fassade und Gehweg'"[6]. Der Anfang des Romans ist im Kapitel 5 Materialien in dieser Erläuterung wiedergegeben.

Erzählband *Die Modernisierung meiner Mutter*

Der Band *Die Modernisierung meiner Mutter* (2016) enthält Geschichten über die schwäbische Heimat, Berlin und Amerika. Man findet Vermischtes aus den letzten 20 Jahren, in denen Bjerg vor allem auf kultigen Lesebühnen reüssierte. Es sind auf 150 Seiten 22 Geschichten und acht Mini-Texte versammelt. Die erste Textgruppe enthält Geschichten aus der schwäbischen Dorf-Idylle, zahlreiche Motive wurden in *Auerhaus* wieder aufgegriffen (z. B. die Mut-

---

5 Schmidt, 2008
6 Ebd.

2.3 Angaben und Erläuterungen zu wesentlichen Werken

ter als Verkäuferin, der Auschwitz-Apotheker, das Münzalbum des Onkels, die Irren aus der Nervenheilanstalt und die Lust am Ladendiebstahl). Das zweite Kapitel markiert eher Bjergs Zeit in Berlin und seine Nebenverdienste als Fabrikarbeiter oder als Serien-Horoskop-Schreiber. In der dritten Abteilung geht es dann quer durch Deutschland und mit der prämierten Kurzgeschichte *Howyadoin* sogar in die USA. In der Erzählung von einer Reise zu einer Lesung nach Frankfurt (die aber dann wegen 9/11 2001 abgesagt wird) verrät Bov Bjerg ganz nebenbei sein Erfolgsrezept: er schreibe Geschichten, „die die Grenze vom geselligen Witz zum einsamen Wahnsinn gerade noch nicht überschritten hatten"[7].

---

7 Bjerg, 2016, S. 112

3. TEXTANALYSE UND -INTERPRETATION

3.1 Entstehung und Quellen

ZUSAMMEN-
FASSUNG

> 2015 erscheint der Roman *Auerhaus* im Verlag Blumenbar. Bov Bjerg gab an, er habe sich beim Schreiben nur daran erinnern müssen, was er selbst als Abiturient in einer WG erlebt habe. Einzelne Passagen des Romans wurden schon vor der Veröffentlichung auf Lesebühnen vorgetragen.

Der Roman *Auerhaus* ist im Oktober 2015 im Verlag Blumenbar, einem Imprint[8] des Berliner Aufbau Verlags, erschienen. In einem Vorspruch zum Roman äußert sich der Autor: „Alle Personen sind erfunden, alle Handlungen verjährt" (K 5/A 5)[9]. Bei einem Interview mit dem Journalisten Volker Weidermann für die ZDF-Sendung „Das blaue Sofa" vom 18. 3. 2016 sagte Bov Bjerg, er habe sich beim Schreiben einfach nur daran erinnern müssen, was er selbst als Abiturient in einer WG erlebt habe. Einzelne Passagen des Romans habe er vor der Veröffentlichung auf Lesebühnen vorgetragen und dabei viele positive Reaktionen bekommen[10].

---

[8] Nicht mehr als eigenständiges Unternehmen existierender Verlag, unter dessen Namen ein anderer Verlag weiterhin Bücher publiziert.
[9] Im Folgenden beziehen sich alle Seitenangaben in Klammern auf die beiden im Literaturverzeichnis angegebenen Ausgaben des Romans von Klett (K) und Aufbau (A).
[10] Vgl. die Aufzeichnung der Sendung: http://www.zdf.de/ZDFmediathek/beitrag/video/2661848/Bov-Bjerg-auf-dem-blauen-Sofa/beitrag/video/2661848/Bov-Bjerg-auf-dem-blauen-Sofa (Stand März 2017).

3.2 Inhaltsangabe

> ZUSAMMEN-
> FASSUNG
>
> Der Roman beschreibt die Geschichte von sechs Jugendlichen, die in ihrem letzten Schuljahr in einer Wohngemeinschaft zusammenleben. Er besteht aus drei Hauptkapiteln mit sehr unterschiedlicher Länge.

Im **ersten Kapitel**, das nur die Seiten K 7 f./A 7–9 umfasst, erkennt der Ich-Erzähler (IE) an den Spuren im Schnee, dass sein Freund Frieder am Weihnachtsabend zum Dorfplatz gelaufen ist und dort den beleuchteten Weihnachtsbaum mit einer Axt gefällt hat. Gerade ist der Dorfpolizist Bogatzki dabei, den Tatbestand aufzunehmen. Der IE erklärt: „Das war nicht der Anfang der Geschichte, und das war nicht das Ende" (K 8/A 9).

<small>Frieder fällt den Weihnachtsbaum, nicht der Anfang, nicht das Ende der Geschichte</small>

Das **zweite Kapitel** ist deutlich umfangreicher (K 9–140/A 11–205) und in 30 Abschnitte unterteilt. Zunächst erfährt man, dass der IE (von dem im Roman nur an wenigen Stellen der Nachname genannt wird: Höppner; z. B. auf den Seiten K 16, 23, 29, 50, 56 usw./A 21, 31, 40, 72, 81 usw.) mit Frieder schon seit einigen Jahren zusammen eine Klasse im „Gymnasium Am Stadtrand" (K 26/A 36) besucht. Zu Hause lebt er bei seiner alleinerziehenden Mutter (einer Angestellten im Supermarkt) sowie zwei jüngeren Schwestern. Im Haus wohnt auch der Freund der Mutter, den er „fieser Freund meiner Mutter" (K 9/A 11) nennt und mit der Abkürzung F2M2 tituliert. Da ihn der Freund seiner Mutter mit seinem Hang zur Heimwerkerei nervt, versucht er immer wieder, dem häuslichen Alltag zu entfliehen; z. B. trampt er mit seiner Schulfreundin Vera nach West-Berlin. Mitschüler Axel führt den Klassenkameraden stolz sein Auto vor, das eine ferngesteuerte Zentralverriegelung hat (vgl. K 14/A 18) –

<small>Einführung in die familiäre und schulische Situation des Ich-Erzählers</small>

3.2 Inhaltsangabe

Der Weihnachtsbaum auf dem verschneiten Dorfplatz
© picture alliance / Sueddeutsche Zeitung Photo

daraus entwickelt sich dann auch sein Spitzname „Zentralverriegelungsaxel" (K 24/A 32). Im Deutschunterricht der letzten Jahrgangsstufe vor dem Abitur bei „Doktor Turnschuh" (eigentlich Herr Faller) wird gerade Goethes Briefroman *Die Leiden des jungen Werther* behandelt. Der Deutschlehrer stellt die Frage, ob es denn gute Gründe für einen Selbstmord gebe. Das führt zu Tränen bei der Mitschülerin Cäcilia Schreiner, denn ihr geht nun „das mit Frieder" (K 17/A 22) durch den Kopf: „Warum hat er das gemacht?" (K 17/A 22).

3.2 Inhaltsangabe

Es wird bald klar, dass Frieder einen Selbstmordversuch mit Tabletten und zwei Liter Wein unternommen hat, von seinem Vater, einem Bauern, aber noch bewusstlos im Keller gefunden wurde. Frieder kommt in die geschlossene Abteilung einer Nervenheilanstalt, wo ihn der IE bald besuchen darf. Seine erste Frage lautet: Was machst du denn für eine Scheiße? (vgl. K 22/A 28). Frieders vorläufiges Fazit lautet: „Ich wäre fast gestorben, ohne dass ich jemals mit einer Frau geschlafen hätte" (K 22/A 29).

Neben der Schule jobbt der IE auf einer Hühnerfarm, er muss die Hühner vor dem Schlachten in eine Plastikbox stecken. Außerdem steht ihm die Musterung bevor und danach die Frage, ob er zur Bundeswehr gehen oder Zivildienst leisten soll.

Der IE besucht Frieder alle zwei Tage in der Nervenheilanstalt. Frieder hat dort ein etwa gleichaltriges Mädchen namens Pauline kennengelernt, die nach einer Brandstiftung im Jugendheim eingeliefert worden war. Frieder überredet den IE zu einem eigentlich nicht erlaubten „Ausgang" in die nahegelegene Fußgängerzone der Stadt. Der Arzt empfiehlt Frieder, nicht mehr bei seinen Eltern zu wohnen, stattdessen könnte er in das leer stehende Haus seines Großvaters einziehen.

Der IE will mit Frieder in dieses Haus einziehen, um ihn von einem erneuten Suizidversuch abzuhalten und um dem Freund seiner Mutter zu entkommen. Schulfreundin Vera erklärt spontan: „Ich zieh mit ein" (K 39/A 54).

Veras Freundin Cäcilia beschließt – genehmigt von ihren Eltern – auch mit einzuziehen, gemeinsam wollen sie das alte Haus etwas renovieren. Dabei hören sie auf einem Kassettenrekorder laut Musik. Einmal kommt der Bauer Seidel von gegenüber vorbei und bringt eine Axt von Frieders Vater. Dabei hört er den Song, der gerade läuft: „Our House" von der Gruppe *Madness*. (Der Liedtext ist im Kapitel 5 Materialien in dieser Erläuterung wiedergegeben.) Er ver-

Frieders Selbstmordversuch und die Einweisung in die Psychiatrie

Einzug der Jugendlichen ins Auerhaus

3.2 Inhaltsangabe

steht den Refrain als deutsches Wort: Auerhaus – damit hat dieses Haus nun seinen Namen!

Das „richtige Leben" beginnt für Höppner, Frieder, Vera und Cäcilia

Seit er nicht mehr zu Hause wohnt, empfindet der IE eine gewisse Befreiung. Cäcilia sagt zu ihm: „Du gehst gar nicht mehr so gebückt" (K 42/A 59). Die vier Mitglieder der neuen Wohngemeinschaft empfinden ihr Zusammensein als „richtiges Leben" (K 43/A 60), es wird viel geredet und natürlich aufgepasst, dass Frieder nicht wieder Gedanken an einen Suizid entwickelt. Weil das Geld allerdings knapp ist, begeben sich zunächst Frieder und Vera auf das Feld der Illegalität: sie fälschen Bus-Monatskarten (für die Fahrt in die Schule) und begehen Ladendiebstähle in einem Penny-Markt. Der IE versucht, durch den Verkauf seiner Münzsammlung etwas Geld beizusteuern. Zu seinem Selbstmordversuch hat Frieder eine neue, etwas undurchsichtige Erklärung: „Ich wollte mich nicht umbringen. Ich wollte bloß nicht mehr leben" (K 46/A 65).

Unweit vom Auerhaus steht eine Telefonzelle, die sehr häufig von Gastarbeiterfamilien benutzt wird. Frieder kriegt heraus, dass der Münzautomat kaputt ist und am Ende die eingeworfenen Münzen wieder herausfallen.

Der Titel eines Songs der Band *The Godfathers* wird zitiert: „Birth, school, work, death" (K 47/A 67) und damit die Frage, ob diese vier Stichworte schon ein ganzes Leben ausmachen. (Der Liedtext ist im Kapitel 5 Materialien in dieser Erläuterung wiedergegeben.) Frieder beschäftigt sich mit dem Sachbuch *Wozu leben wir?* des Psychologen Alfred Adler. (Ein Auszug daraus ist im Kapitel 5 Materialien in dieser Erläuterung wiedergegeben.) Die anderen Mitschüler in der Klasse können mit dieser Grundfrage wenig anfangen und argumentieren sehr vordergründig, das komme ja im Abitur nicht dran, „das müssen wir nicht wissen" (K 48/A 68). Im Deutschunterricht stellt Frieder eine gewagte These auf: „Literatur, das ist das Klopapier, mit dem sich jedes Arschloch putzt" (K 48/A 68).

3.2 Inhaltsangabe

Ein neuer Gast kommt ins Auerhaus: es ist Harry (Harald Calabrese), ein Elektrolehrling aus Stuttgart, der schon beim Kapitel „work" angelangt ist, gerne mal einen Joint raucht und sich als schwul outet. Bald wird Harry zum regelmäßigen Besucher. — Ein neuer Gast im Haus: Harry

Trotz Regen fährt Frieder an einem Tag mit dem Fahrrad in die Schule. Als er dort auch in der dritten Stunde noch nicht eingetroffen ist, machen sich die Freunde Sorgen. Sie fahren sofort nach Hause und finden dort einen Krankenwagen mit Blaulicht vor dem Auerhaus. Der Grund dafür ist aber nicht Frieder sondern Harry, der nach einer Rauschgift-Dosis bewusstlos geworden ist. Es kommt heraus, dass Frieder vor der Schule noch im Supermarkt geklaut hat und dabei erwischt wurde, dann noch einmal nach Hause gefahren ist und dort den bewusstlosen Harry angetroffen hat.

Frieder will aber trotzdem nicht mit dem Klauen aufhören und organsiert sogar einen Lehrgang im Ladendiebstahl für die Mitbewohner („Klauen können, das war wie Radfahren können", K 59/A 86).

Winterliche Idylle im Auerhaus: die Bewohner gehen zuerst Schlittenfahren und versammeln sich dann in der Küche zum Plätzchen backen. — Winterliche Idylle im Auerhaus

Immer wieder führen der IE und Frieder lange Gespräche, z. B. über das Thema Suizid oder über das Thema erster Sex. Es kommt heraus, dass beide in dieser Hinsicht noch keine Erfahrungen anbieten können. Auf die Frage, was man nach dem Abitur tun solle, entwickelt Frieder die Idee, er wolle Fahrradmechaniker werden – und beiden erscheint das sehr sinnvoll.

Frieder und der IE behalten ihren Kontakt zum bäuerlichen Leben. Frieder hilft zu Hause im Kuhstall („Feudalismus"), der IE jobbt weiter auf der Hühnerfarm („Industriegesellschaft").

Den 24. Dezember verbringt der IE an drei Orten: zuerst bleibt er pflichtgemäß bei seiner Mutter, deren Freund und seinen Schwestern. Dann geht er als Hilfskraft zu einem Weihnachtsessen für Alte — Heiligabend

3.2 Inhaltsangabe

und Obdachlose in einem Gemeindesaal. Dort trifft er auch Pauline wieder, die vor kurzem aus der Nervenheilanstalt entlassen worden war und in einem Übergangsheim wohnt. Überraschenderweise hat sie eine Glatze – sie hat ihre Haare angezündet! Schließlich treffen sich alle in ihrem eigentlichen Zuhause, im Auerhaus, weil sie auch feststellen, dass sie sich bei ihren Eltern das Hirn (oder das Herz) erfroren haben. Plötzlich kommt es zu einem Stromausfall, alles ist dunkel, nur ein paar Kerzen brennen am Tisch. Der Grund ist Frieders Aktion mit dem Weihnachtsbaum (vgl. Kap. 1). Er liegt lachend auf der Treppe vor dem Auerhaus und sagt: „Ich hab's gemacht!" (K 75/A 109).

Spät abends stößt auch noch Harry zu dem Kreis, er wurde von seinem Vater verprügelt, weil er sich vor ihm zu seiner Homosexualität bekannt hat.

Neue Mitbewohner: Harry und Pauline

Harry zieht jetzt fest ins Auerhaus ein, Pauline ebenso. Nun besteht die Wohngemeinschaft aus sechs Personen, alle Zimmer sind belegt, nur der Keller, der Hühnerstall und der sogenannte „Darkroom" wären noch frei.

Silvesterparty im Auerhaus

Eine große Silvesterparty findet im Auerhaus statt. Es kommen die gesamte Oberstufe des Gymnasiums, dazu einige „Verrückte" und viele Leute aus der Schwulenszene. Harry führt stolz sein neues Auto vor: einen amerikanischen Cadillac Eldorado, Baujahr 1972, den er einem US-Soldaten abgekauft hat. Das Auto hat sogar einen eingebauten Suchscheinwerfer. Um Mitternacht ertönt laut der Song „The Final Countdown" (von *Europe*) – ist das schon ein Zeichen für das Ende des Auerhaus-Lebens, dafür, dass „das unser erstes und letztes Silvester miteinander war" (K 84/A 123)? Der IE muss bestürzt feststellen, dass Vera mit Harry im Bett liegt; er empfindet das Gefühl der Eifersucht und kann mit Veras These, Liebe sei kein Kuchen, der immer weniger werde, je mehr Leute davon was abbekämen, nichts anfangen. Bei Pauline findet er kaum Trost.

3.2 Inhaltsangabe

Mit einer Flasche Wodka versucht der IE die Silvesternacht zu reflektieren; sein Fazit lautet: „Das Jahr hatte beschissen angefangen" (K 91/A 133). Er will nicht zur Bundeswehr, hat aber auch Probleme mit der sogenannten Gewissensprüfung, die man absolvieren muss, wenn man als Kriegsdienstverweigerer anerkannt werden will.

Der IE unterhält sich mit Vera über ihr Verhältnis. Sie bietet ihm als „Entschädigung" einen gemeinsamen Radausflug zum Blautopf an.

Gemeinsames Holzhacken, bei dem Pauline gewandt die Axt führt.

Der IE wird postalisch zur Musterung geladen, er legt die Postkarte in einem Ordner („Bummbumm") ab. Wenige Tage später holt ihn Dorfpolizist Bogatzki zu Hause ab und bringt ihn zwangsweise zum Kreiswehrersatzamt nach Stuttgart. Nach der ärztlichen Untersuchung taucht auch Frieder dort auf und klaut heimlich die Musterungsakte („das ist, wie wenn man im Lotto gewinnt", K 108/A 158). Sie legen das amtliche Dokument in das Eisfach des Auerhaus-Kühlschrankes.   <!-- Vorladung zur Musterung -->

Der Tag des schriftlichen Deutsch-Abiturs. Der IE hat Probleme mit einer gezielten Vorbereitung und will sich einfach aufs „Labern" (160) verlassen. Auf dem Weg in die Schule mit dem Rad begegnet er einem alten Mann, der in den Straßengraben stürzt. Der IE kümmert sich um den Mann, gemeinsam mit einem vorbeifahrenden Bundeswehr-Soldaten alarmieren sie einen Notarzt. Dadurch kommt der IE zwei Stunden zu spät zum Abitur. Er wählt als Aufgabe eine Texterörterung, bei der man sich mit der Aussage, dass Literatur eine Art Flugsimulation sei, auseinandersetzen soll. Der IE befürchtet nach der Abgabe, dass er „versemmelt" (K 117/A 171) hat.   <!-- Deutsch-Abitur -->

Ein Polizeikommando stürmt das Auerhaus, sie suchen nach Harry und nach Drogen, finden dabei im Kühlschrank die geklaute   <!-- Die Polizei stürmt das Auerhaus -->

3.2 Inhaltsangabe

Musterungsakte. Der Staatsanwalt nennt die Paragrafen, gegen die womöglich verstoßen wurde. Alle Bewohner müssen mit zur Identifizierung auf der Dienststelle. Harry wird bei seiner Arbeitsstelle festgenommen, es stellt sich aber heraus, dass er den Stoff sehr geschickt im Hühnerstall versteckt hat. Zurück im Auerhaus fragen ihn die Mitbewohner, warum er zum Dealer (und zum Strichjungen am Bahnhof!) geworden sei. Seine lakonische Antwort: „Ich muss auch an später denken" (K 123/A 180). Danach gehen alle ins Kino. Auf der Heimfahrt in Harrys Ami-Schlitten findet Frieder im Handschuhfach eine Pistole, die sich später als Attrappe herausstellt. Er tut so, als würde er aus dem Auto schießen – auf die Angst, auf die Traurigkeit, auf die Einsamkeit. Der Abschnitt endet mit einer noch unklaren Andeutung: An der Ampel „endete der Abend fast in einer Katastrophe ... Wir hätten alle tot sein können" (K 125/A 183). Später schlafen alle sechs Auerhaus-Bewohner zusammen in einem Zimmer, doch Frieder spürt nach der Nacht seine Isolation: „auf einmal seid ihr alle wieder hinter Glas" (K 127/A 185).

Bedrückte Stimmung im Auerhaus

Es herrscht bedrückte Stimmung im Auerhaus. Der IE findet bei einer nahegelegenen Brücke in der Tüte eines Penners ein Vierpfennigstück aus dem Jahre 1932 (ein Glückspfennig?).

Cäcilia kündigt an, sie werde nicht mehr in das Auerhaus zurückkommen, sie sei da „in was hineingeraten" (K 132/A 193). Sie will in den USA studieren und braucht dafür ein blitzblankes Führungszeugnis.

Verfolgungsjagd mit der Polizei

Der IE unterhält sich mit seiner Mutter vor dem Supermarkt. Sie fragt ihn, ob er eigentlich glücklich sei. In der Zeitung hat sie von dem Vorfall des vergangenen Abends gelesen. Die Schlagzeile lautet „Narretei junger Männer ging beinahe ins Auge" (K 133/A 196). Durch einen Wechsel aus Zeitungs- und Erzählerbericht kommt die damalige Situation zum Vorschein. Frieder hat an der Ampel so getan als würde er auf die Insassen des nebenan stehenden Poli-

3.2 Inhaltsangabe

zeiautos schießen. Das Polizeiauto verfolgt dann den Cadillac, und ein Polizist gibt Warnschüsse ab. Frieder behauptet hinterher, er habe es darauf angelegt, dass der Polizist auf sie schießt! Es folgen die Festnahme und ein Ermittlungsverfahren.

Der nächste Abschnitt erweist sich als Traumvorstellung des IEs bezüglich der Zukunft aller Auerhaus-Bewohner: alle Verfahren werden eingestellt, alle ziehen nach Köln und machen auf unterschiedliche Weise Karriere. „So hätte von mir aus alles ausgehen können" (K 140/A 205). Es folgt der Verweis auf die Realität: „Im richtigen Leben waren die Landungen härter" (K 140/A 205). *Traumvorstellung des Ich-Erzählers: ideale Zukunft*

Das **dritte Kapitel** enthält fünf Abschnitte und umfasst die Seiten K 141–160/A 207–236.

„Im richtigen Leben war das Ende ... ziemlich ambivalent" oder sollte man sogar „beschissen" sagen (K 141/A 207)? Der IE hat sein schriftliches Deutsch-Abitur gegen die Wand gefahren und muss nun in der mündlichen Gemeinschaftskunde-Prüfung mindestens einen Punkt erreichen. Doch der Lehrer Hoffmann fragt ihn knallhart nach den wirtschaftspolitischen Fachbegriffen Lombard und Diskont. Die Prüfung war „in zehn Minuten vorbei" (K 141/A 208), es gibt null Punkte, das war der Moment seines schulischen Suizids (K 143/A 211). Bei der Gerichtsverhandlung wird Cäcilia freigesprochen, Vera, Pauline, der IE und Frieder erhalten die Verpflichtung zur gemeinnützigen Arbeit als Strafe, Harry bekommt ein Jahr Gefängnis auf Bewährung. *Der Ich-Erzähler fällt durchs Abitur* *Verurteilung der Mitbewohner zu gemeinnütziger Arbeit*

Zu Hause findet der IE wieder eine Aufforderung zur Musterung, er schreibt darauf „Retour! Unbek. verz.!" (K 148/A 217) und wirft die Karte in einen Briefkasten.

Am Gründonnerstag findet die Beerdigung von Frieder statt, das halbe Dorf ist anwesend. Nach der Ansprache des Pastors kommt der Sarg in die Grube; die Auerhaus-Bewohner werfen Frieder einen *Frieders Beerdigung*

3.2 Inhaltsangabe

Federball, einen Joint und ein T-Shirt nach. In einer Rückblende erfährt man die Vorgeschichte: Frieder hatte in einer hessischen Kleinstadt eine Lehre als Fahrradmechaniker begonnen. Immer wieder besucht er an Wochenenden den IE, der nach West-Berlin gezogen ist.

Dann kommt es zu dem „gelungenen" Selbstmord mit Tabletten. Beim Leichenschmaus im Gasthaus „Zum Ochsen" übergibt Frieders Vater dem IE ein Tagebuch seines Sohnes, er sagt: „die Zeit im Auerhaus ... ist seine schönste Zeit gewesen" (K 157/A 231 f.). Pauline ist bei der Beerdigung nicht dabei, denn sie sitzt im Gefängnis wegen Brandstiftung. Im Auerhaus suchen Vera und der IE nach der Axt, mit der Frieder an Weihnachten den Baum umgehauen hatte.

Der IE bekommt in West-Berlin ein Päckchen aus den USA, darin befindet sich eine Musikkassette mit Geigenmusik von Cäcilia. Mit dem toten Frieder führt er immer wieder „Gespräche".

3.3 Aufbau

3.3 Aufbau

> **ZUSAMMENFASSUNG**
>
> Der Roman spielt im Zeitraum von etwa einem Jahr (ca. 1982/83) in einem kleinen Dorf auf der schwäbischen Alb. Vier Jugendliche gehen in der nahegelegenen Stadt auf ein Gymnasium und stehen kurz vor dem Abitur, sie ziehen ins Auerhaus, zwei weitere Jugendliche stoßen hinzu. Durch Rückblenden und Vorausschauen werden auch frühere Entwicklungen und die Zukunft der einzelnen Personen thematisiert.

Der Roman besteht aus drei Kapiteln von sehr unterschiedlicher Länge: Kapitel 1 umfasst die Seiten K 7 f./A 7–9, Kapitel 2 die Seiten K 9–140/A 11–205 und das dritte Kapitel die Seiten K 141–160/A 207–236. Der Kern der Handlung (= erzählte Zeit) dürfte ungefähr ein knappes Jahr umfassen, dieser Zeitraum wird natürlich gerafft dargestellt (Erzählzeit). Die Geschichte wird im Prinzip chronologisch erzählt, jedoch sind vier Ereignisse als Diskontinuitäten bewusst aus dem normalen zeitlichen Ablauf herausgehoben:

1. Frieders Aktion am Heiligen Abend, das Fällen des großen Christbaums im Dorf, wird als Vorgriff schon am Anfang beschrieben (K 7 f./A 7–9) und dann später noch einmal im zweiten Kapitel an der chronologisch „richtigen" Stelle aufgegriffen (K 74 f./A 108 f.)
2. Frieders erster Selbstmordversuch wird zunächst nur angedeutet („als die Sache passierte", K 9/A 11; „Das mit Frieder! Das tut mir so leid! Warum hat er das gemacht?", K 17/A 22) und erst später als Rückblende erläutert (K 22 f./A 29 f.).

Vier Ereignisse aus Chronologie der Handlung herausgehoben

3.3 Aufbau

3. Frieders gefährliche Aktion mit der Pistole wird ebenfalls zunächst nur angedeutet („endete der Abend fast in einer Katastrophe ... Wir hätten alle tot sein können", K 125/A 183) und dann später in einer Rückblende mit einer Mischung aus Erzähler- und Zeitungsbericht aufgeklärt (K 133–137/A 196–200).
4. Im dritten Kapitel wird Frieders Beerdigung an einem Gründonnerstag geschildert (K 148 ff./A 218 ff.); erst danach erfährt man in mehreren Rückblenden, die unmittelbare Vorgeschichte des „erfolgreichen" Selbstmords (K 151, 155/A 221 f., 228).

In einer Randbemerkung auf Seite K 150/A 221 erklärt der IE sein erzählerisches Vorgehen:

> „Wenn ich später irgendwem vom Auerhaus und von Frieder erzählte, begann ich immer damit, wie Frieder den großen Weihnachtsbaum umgehauen hatte, mitten im Dorf. Ich hätte auch mit der Beerdigung anfangen können. Aber irgendwie fand ich es falsch, von Frieder zuerst das Ende zu erzählen. Als ob das Ende das Wichtigste wäre."

Ort der Handlung

Der Ort der Handlung ist ein kleinerer Ort in der Nähe von Stuttgart. In einer nahegelegenen Kleinstadt befinden sich das Gymnasium, die Nervenheilanstalt und das Kreiswehrersatzamt. Am Schluss des Romans wohnt der IE in West-Berlin.

3.3 Aufbau

DER AUFBAU DES ROMANS

Frieders Chronologie

| Suizid-versuch im elterlichen Bauernhof | Nervenheilanstalt | Einzug ins Auerhaus | Das Fällen des Weihnachtsbaumes | Die Aktion mit dem Revolver | Lehre in einer hessischen Kleinstadt | Selbstmord | Beerdigung |

Anordnung im Roman

| Das Fällen des Weihnachtsbaumes → *Vorgriff* | Suizid-versuch im elterlichen Bauernhof ← *Rückblende* | Nervenheilanstalt | Einzug ins Auerhaus | Die Aktion mit dem Revolver ← *teilweise als Rückblende* | Beerdigung → *Vorgriff* | Lehre in einer hessischen Kleinstadt ← *Rückblende* | Selbstmord ← *Rückblende* |

Chronologie des Ich-Erzählers

| Konflikte mit dem Freund der Mutter | Besuche in der Nervenheilanstalt | Einzug ins Auerhaus | Musterung | Scheitern im Abitur | Verlassen des Auerhauses | Umzug nach West-Berlin | Beerdigung |

Anordnung im Roman

| Konflikte mit dem Freund der Mutter | Besuche in der Nervenheilanstalt | Einzug ins Auerhaus | Musterung | Scheitern im Abitur | Verlassen des Auerhauses | Beerdigung → *Vorgriff* | Umzug nach West-Berlin ← *Rückblende* |

3.4 Personenkonstellation und Charakteristiken

ZUSAMMENFASSUNG

Die Hauptpersonen des Romans *Auerhaus* sind

Der Ich-Erzähler
→ Nachname: Höppner
→ fühlt sich für seinen suizidgefährdeten Freund Frieder verantwortlich
→ scheitert wegen eines fehlenden Punktes beim Abitur und versagt dann bei der anstehenden mündlichen Prüfung
→ um der Einberufung zur Bundeswehr zu entgehen, verlegt er seinen Wohnsitz später nach West-Berlin

Frieder Wittlinger:
→ hochbegabt, aber unfähig zur Anpassung an gesellschaftliche Normen
→ ein tendenziell anarchischer Typ, der immer hart an der Illegalität agiert

Vera:
→ befreundet mit dem Ich-Erzähler
→ entschließt sich zur Teilnahme an der Wohngemeinschaft

Cäcilia Schreiner:
→ schließt sich aus sozialer Verantwortung der Wohngemeinschaft an

3.4 Personenkonstellation und Charakteristiken

→ ist aber die erste, die sich aus der Gemeinschaft des Auerhauses wieder löst, weil sie wohl befürchtet, dass der schlechte Ruf ihrer Mitbewohner ihre berufliche Karriere gefährden könnte

Pauline:
→ zusammen mit Frieder Insassin der Nervenheilanstalt,
→ muss am Ende für zehn Jahre ins Gefängnis wegen einer Brandstiftung mit Todesfolge

Harry (Harald Calabrese):
→ Elektrikerlehrling aus Stuttgart
→ weil er sich als schwul outet, wird er von seinem Vater verprügelt
→ verdient in der Stadt nebenbei Geld als Strichjunge und als Drogendealer

Die Personen in dem Roman lassen sich im Prinzip in zwei Gruppen zusammenfassen, die sich teilweise konflikthaft gegenüberstehen:

→ Die erste Gruppe sind die Jugendlichen, hier vor allem die Bewohner des Auerhauses. Das sind – in der Reihenfolge ihrer Mitwirkung an der Wohngemeinschaft – Frieder (Wittlinger), der IE (Höppner), Vera, Cäcilia (Schreiner), Pauline und Harry (Harald Calabrese).

→ Die zweite Gruppe bilden die Erwachsenen, die sich wiederum in Eltern (Theresia, die Mutter des IEs, und ihr Freund, der Vater von Frieder, die Eltern von Cäcilia, der Vater von Harry),

Figuren im Roman: Jugendliche vs. Erwachsene

3.4 Personenkonstellation und Charakteristiken

Lehrer (der Deutschlehrer Faller = „Doktor Turnschuh" und der Sport- und Gemeinschaftskundelehrer Hoffmann) und die Vertreter von staatlichen Behörden (der Dorfpolizist Bogatzki, ein Staatsanwalt, die Mitglieder der Musterungskommission) aufteilen lassen.

Alle anderen vorkommenden Personen (z. B. der Mitschüler Axel, der Zeitsoldat der Bundeswehr oder der alte Bauer Seidel) haben keine wesentliche Bedeutung für den Ablauf der Handlung.

Der Ich-Erzähler

18 oder 19 Jahre alt, Gymnasiast, Nebenjob auf einer Hühnerfarm

Eine Hauptperson ist ohne Zweifel der Ich-Erzähler (IE) Höppner (sein Vorname bleibt dem Leser unbekannt), aus dessen Sicht ja auch die gesamte Geschichte vorgetragen wird. Er ist zwischen 18 und 19 Jahre alt, besucht die Abschlussklasse (= 13. Jahrgangsstufe) des Gymnasiums, jobbt neben der Schule auf einer Hühnerfarm und lebt am Anfang noch mit seinen zwei jüngeren Schwestern bei seiner Mutter Theresia Höppner und deren Freund – der Vater ist offensichtlich verstorben, da der IE eine Halbwaisenrente bezieht.

An dem Verhältnis zu anderen Hauptpersonen des Romans lässt sich eine Charakteristik des IEs entwickeln.

Selbstständig, gutes Verhältnis zur Mutter

Seine Mutter behandelt ihn als selbstständigen jungen Menschen, akzeptiert die Tatsache, dass er mit Frieder zusammen ins Auerhaus ziehen will und unterstützt ihn mit Waren aus dem Supermarkt, in dem sie arbeitet. Angesichts der Verwicklungen macht sie sich freilich Sorgen um seine Zukunft und fragt ihn, ob er in dieser WG wirklich glücklich sei. Der IE antwortet: „Ich will mich jedenfalls nicht umbringen demnächst oder so. Ist das glücklich genug?" (K 133/A 196). Eher problematisch ist das Verhältnis zu dem Freund seiner Mutter, den er mit dem Kürzel „F2M2" bezeichnet. Dessen Versuche, den IE zu Handwerksarbeiten bei der Haus-Renovierung zu gewinnen, finden wenig Anklang. Insgesamt dürfte er in seiner

3.4 Personenkonstellation und Charakteristiken

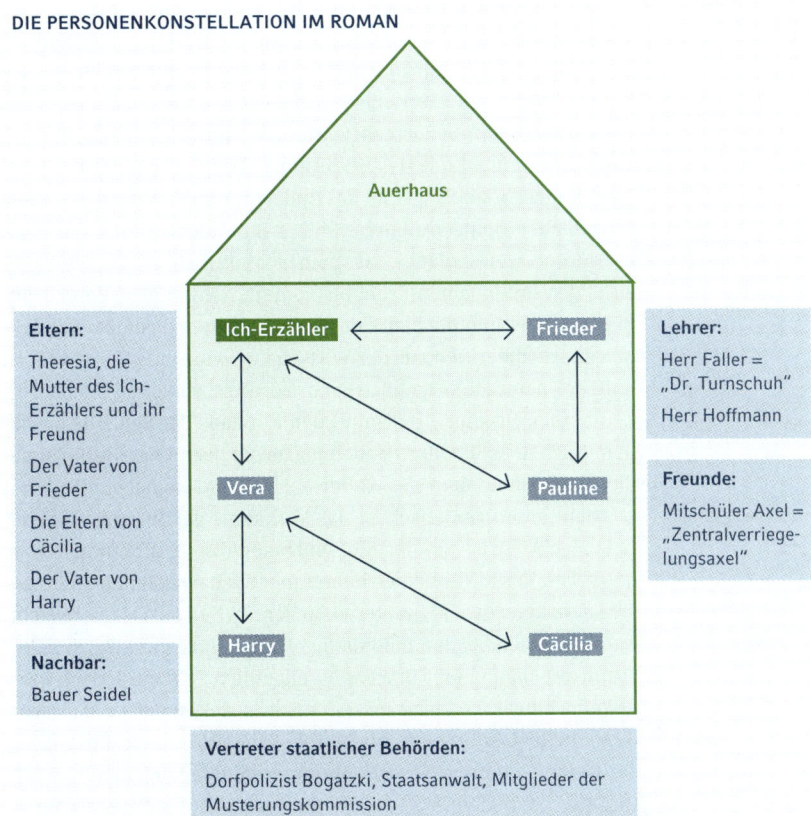

altmodischen Bürgerlichkeit für den IE eher ein Reizobjekt sein. Ein ganz anderes Wohnklima findet der IE dann im Auerhaus, wo jeder selbstbestimmt seinen Beitrag zur Gemeinschaft leisten kann.

3.4 Personenkonstellation und Charakteristiken

Unauffälliger Schüler, fällt durch das Abitur

Am Gymnasium gehört der IE zu den eher unauffälligen Schülern. Er ist beileibe kein Streber und versucht, mit dem geringsten Aufwand das Abitur zu schaffen. Im Deutschunterricht hat er wenig Lust, sich am Unterrichtsgespräch über den Selbstmord Werthers zu beteiligen. Seine recht vordergründige Erklärung für das von Goethe gewählte Ende des Briefromans lautet, der Autor habe das bloß hingeschrieben, „damit das Ende gut knallt" (K 17/A 22). Beim schriftlichen Deutsch-Abitur wählt er die Aufgabenform der Texterörterung, weil er glaubt, dass man hier mit „Labern" (K 109/A 160) zu einem ordentlichen Ergebnis kommt. Als ihn der Lehrer Hoffmann in der mündlichen Gemeinschaftskunde-Prüfung mit Fragen zu Fachbegriffen aus der Wirtschaftspolitik aufs Glatteis führt, hofft er – natürlich vergeblich – mit Wort-Assoziationen (Lombard – Lombardei; Diskont – Discount) den Kopf aus der Schlinge zu ziehen. Nach dem Scheitern und dem Umzug nach West-Berlin bleibt die Frage offen, ob er das Abitur noch irgendwie nachholen wird.

Hat eine Freundin aus der Klasse: Vera

Nicht unproblematisch ist das Verhältnis des IEs zum anderen Geschlecht. Er ist mit der Klassenkameradin Vera befreundet, es gab schon Küsse, die beiden haben aber noch nicht miteinander geschlafen. Als er in der Silvesternacht Vera im Bett mit Harry erwischt, entwickelt sich bei ihm Eifersucht, obwohl er die altmodischen Besitzansprüche in einer Beziehung eigentlich ablehnt. Jedoch kann er Veras These, die Liebe sei kein Kuchen, der immer weniger werde, je mehr Leute etwas davon abbekämen (d. h. ein Bekenntnis zur freien Liebe!) nicht recht akzeptieren. In einer Zukunftsvision (K 139/A 205) sieht sich der IE als Ehemann von Vera, als Hausmann, der sich um die Kinder kümmert, als eifrigen Leser und als leidenschaftlichen Hobbygärtner – also eine sehr bürgerliche Perspektive!

Sein bester Freund: Frieder

Sein bester Freund ist wohl Frieder, mit dem er schon länger eine Gymnasialklasse besucht. Nach Frieders Selbstmordversuch sieht

3.4 Personenkonstellation und Charakteristiken

sich der IE dafür verantwortlich, dass dieser nicht noch einmal einen solchen „Scheiß" (vgl. K 22/A 28) baut. Er besucht ihn regelmäßig in der Nervenheilanstalt und ist sofort bereit, mit ihm in das Auerhaus zu ziehen. Dort und auch später in West-Berlin sieht er die Methode des Gesprächs als ein Mittel an, seinen Freund von einem erneuten Suizidversuch abzuhalten. Allerdings wird der Grund für Frieders Todessehnsucht wenig thematisiert. Mit Frieders anarchischem und der Illegalität sehr nahem Verhalten hat der IE allerdings immer wieder Probleme. Zu Ladendiebstählen lässt er sich noch verführen (er meint danach sogar: „die Welt stand mir offen", K 59/A 86), doch Frieders Aktion mit der Pistole geht ihm eindeutig zu weit: „Ich hole aus und knallte ihm mit der flachen Hand ins Gesicht" (K 137/A 200).

Der IE erscheint als ein politisch nicht sehr engagierter Jugendlicher. Allerdings möchte er sich der Wehrpflicht gerne entziehen. Doch er ist so ehrlich, dass er zugibt, durchaus ein Gewehr benutzen zu können, ein hundertprozentiger Pazifist ist er also sicher nicht, und seine Tätigkeit auf der Hühnerfarm, wo er Hühner vor der Schlachtung in Körbe „verpackt" (vgl. K 25/A 33), gilt auch nicht gerade als politisch korrekt. Somit erscheint ihm ein Umzug nach West-Berlin als die beste Methode der ungeliebten Bundeswehr zu entgehen.

> Möchte nicht zur Bundeswehr

Die Gemeinschaft des Auerhauses ist für ihn ein idealer Ort, eine Form des „richtigen Lebens" (K 43/A 60), die dazu führt, dass er auch seine gebückte Haltung verliert und aufrechter geht. Allerdings ist er sich immer wieder bewusst, dass diese Gemeinschaft nicht von Dauer, nicht ewig sein wird.

Frieder Wittlinger

Die eigentliche Hauptperson des Romans ist aber Frieder (Wittlinger), weil er für alle „Höhepunkte" der Geschichte zuständig ist. Sein erster Selbstmordversuch, seine Weihnachts-Aktion, sein gefährli-

> Hauptperson des Romans, Spitzname „Der Bauer", Klassenkamerad des IEs, guter Schüler

3.4 Personenkonstellation und Charakteristiken

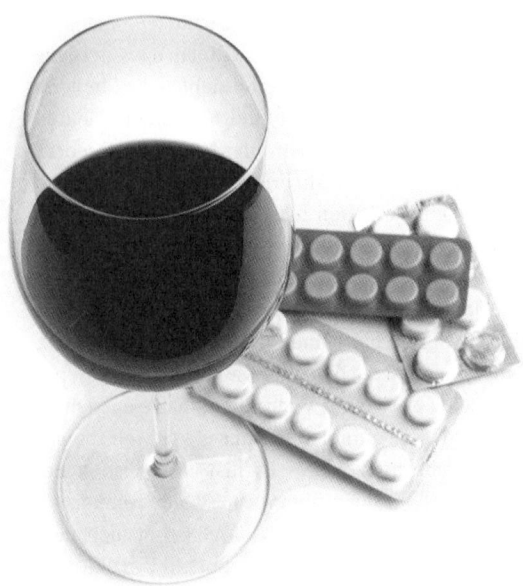

Frieder versucht, sich mit Wein und Tabletten das Leben zu nehmen
© fotolia / ivanmollov

ches Hantieren mit der Pistole im Auto und seine Beerdigung sind die zentralen Fixpunkte des Geschehens. Frieder besucht ebenfalls die Abschlussklasse des Gymnasiums, scheint ein guter Schüler zu sein, dem ein Abitur mit 1,x zuzutrauen ist, und der vielleicht sogar einmal Physik-Professor werden könnte. Seine Eltern haben einen Bauernhof; da er zu Hause mitarbeitet, riecht er manchmal nach Kuhstall und hat in der Klasse den Spitznamen „Der Bauer". Er dürfte eine große und stämmige Figur haben (er schaut aus wie ein „Bär"; K 20/A 26), doch durch die Medikamente in der Nervenheilanstalt ist er fett geworden.

3.4 Personenkonstellation und Charakteristiken

Mit den Schlaftabletten seiner Mutter und mit zwei Liter griechischem Wein hat er einen Selbstmordversuch unternommen, wurde aber von seinem Vater im letzten Moment zufällig noch aufgefunden. Die Frage, warum er diesen Suizidversuch gemacht hat, wird im gesamten Roman nicht zweifelsfrei geklärt; Depressionen könnten der Auslöser sein. Er selber hat einen gefährlich spielerischen Umgang mit der Möglichkeit des „Freitods" und flüchtet sich zunächst in eine etwas rätselhafte Formulierung: „Ich wollte mich nicht umbringen. Ich wollte bloß nicht mehr leben" (K 46/A 65). An einer anderen Stelle kündigt er fast drohend an: „Ich weiß, dass ich es wieder tun kann, wenn es nötig ist" (K 34/A 47). Mit dem IE unterhält er sich oft über seine Motive, erläutert ihm die Stimmung in dem Moment, wenn man die Tabletten schluckt (K 63/A 92) und denkt ironisch über den Ablauf seiner Beerdigung nach (K 61/A 88 f.). Quasi beruhigend erklärt er dem IE: „Wenn ich es noch mal mache, kannst du nichts dafür" (K 67/A 97). Die Zeit im Auerhaus war für ihn die beste Phase seines Lebens, nach der Auflösung der Wohngemeinschaft macht er eine Lehre als Fahrradmechaniker in einer hessischen Kleinstadt. Sein zweiter Selbstmordversuch ist dann „erfolgreich", ein paar Tage liegt er tot in seinem Bett, wird dann gefunden und an einem Gründonnerstag beerdigt.

Gründe für seinen Suizidversuch werden nicht zweifelsfrei geklärt

Frieder ist ein tendenziell anarchischer Typ, der immer hart an der Illegalität agiert. Den Ladendiebstahl entwickelt er zu einer fast wissenschaftlichen Methode; selbst als er einmal erwischt wird, hört er nicht damit auf. Auch seine anderen provokativen Aktionen – das Fällen des Weihnachtsbaumes, der Diebstahl der Musterungsakte und das Hantieren mit der Pistole auf ein nebenstehendes Polizeiauto – zeigen ihn als lebens-gefährlichen Grenzgänger.

Anarchischer Typ, provokativ, Grenzgänger

Seine gewagten Thesen über Literatur und sein problematischer Umgang mit Alkohol erhärten den Befund eines gefährdeten Le-

3.4 Personenkonstellation und Charakteristiken

bens, das nur kurz in der Idylle des Auerhauses eine Perspektive findet.

Vera

Freundin des IEs, gespanntes Verhältnis zu den Eltern, klaut und provoziert gern

Als Dritte entschließt sich Vera zum Einzug ins Auerhaus (vgl. K 39/A 54). Von der Mitschülerin erfährt man relativ wenig. Im Mittelpunkt steht ihr etwas unklares Verhältnis zum IE. Er ist ihr Freund, es gibt immer wieder Küsse, aber nicht mehr. Als der IE sie bei einem gemeinsamen Berlin-Trip fragt, ob sie mal Kinder wolle, antwortet sie recht brüsk: „Du spinnst" (K 13/A 17). Dennoch ist es überraschend, dass sie in der ereignisreichen Silvesternacht mit dem schwulen Harry ins Bett geht. Eher halbherzig bietet sie dem IE als Versöhnung einen Ausflug in die Schwäbische Alb an. Am Ende kann man davon ausgehen, dass sich ihre Wege trennen. Von ihren schulischen Leistungen hört man nichts, auffallend ist nur, dass sie zweimal mit lateinischen Vokabeln auftrumpft („Te amo", K 14/A 19; „Furandum", K 57/A 82). Das Verhältnis zu ihren Eltern scheint gespannt zu sein; an Weihnachten sagt sie, sie habe sich zu Hause „das Hirn erfroren" (K 74/A 108). Mit Frieder verbindet sie die Neigung zum Klauen. Um zu provozieren, stellt sie manchmal ironische Bezüge zur marxistisch-leninistischen Ideologie und zum RAF-Terrorismus her.

Cäcilia Schreiner

Sozial, zielstrebig, bürgerlich, gute Schülerin

Ähnlich unscharf bleibt das Charakterbild von Cäcilia Schreiner. Aus Sympathie zu ihrer Freundin Vera und aus einem sozialpädagogischen Impetus gegenüber Frieder entschließt sie sich auch zum Einzug ins Auerhaus. Sie hat offensichtlich sehr wohlhabende Eltern, weigert sich aber, von diesen Geld für das Leben im Auerhaus anzunehmen. Auch für sie ist Weihnachten zu Hause sehr anstrengend: sie sagt, dort sei ihr das „Herz erfroren" (K 74/A 108). Ihre

3.4 Personenkonstellation und Charakteristiken

schulischen Leistungen scheinen sehr gut zu sein, doch sie kritisiert die Lehrer, weil diese den anderen schlechtere Noten geben! Sie ist die erste, die sich aus der Gemeinschaft des Auerhauses wieder löst, weil sie wohl befürchtet, dass der schlechte Ruf ihrer Mitbewohner ihre berufliche Karriere gefährden könnte. Ihr Ziel, das sie auch konsequent verfolgt, ist nach dem Abitur ein Studium in den USA.

Pauline

Eine sehr schillernde Figur und die fünfte Mitbewohnerin ist Pauline. Zunächst begegnet sie Frieder als Insassin der Nervenheilanstalt, dort ist sie wegen Brandstiftung eingeliefert. Der IE bezeichnet sie mit ihren langen dunkelbraunen Haaren als „ganz schön schön" (K 28/A 38). Einige Zeit später trifft er sie bei einem Essen für Bedürftige in einem Gemeindehaus am Heiligen Abend. Dort hilft sie bei der Essensausgabe mit, inzwischen lebt sie in einem sogenannten „Übergangsheim" (K 72/A 105). Sie hat nun eine Glatze, weil sie ihre Haare angezündet hat. Das Motiv der Brandstiftung scheint zu ihrer Persönlichkeitsstruktur zu gehören. Einmal erläutert sie ihre Neigung: „Feuer macht alles heil. Wenn die Sachen verbrennen, das ist, als ob das Feuer ein verhunztes Bild übermalt. Das ist so schön" (K 74/A 108). Umso gefährlicher erscheint es dem IE, dass sie im Auerhaus auf dem Heuboden Teelichter anzündet. Ihre meist düstere Stimmung dokumentiert sie durch Fotos mit Selbstauslöser (heute würde man von Selfies sprechen). Am Ende erfährt man, dass sie für zehn Jahre ins Gefängnis muss – wegen einer Brandstiftung mit Todesfolge!

Schillernde Figur, Brandstifterin, Freundin Frieders

Harry

Der letzte Zugang im Auerhaus ist Harry (Harald Calabrese), ein Elektrikerlehrling aus Stuttgart. Er ist schwul und verdient in der

3.4 Personenkonstellation und Charakteristiken

Lehrling aus Stuttgart, schwul, fährt amerikanisches Auto, kennt Frieder aus dem Kindergarten

Stadt nebenbei Geld als Strichjunge und als Drogendealer. Damit kauft er sich von einem US-Soldaten einen Cadillac Eldorado (Baujahr 1972), also ein großes Auto, „das ordentlich Sprit schluckt" (K 50/A 72). Sein Vater ist nach einem Unfall Frührentner und Hobby-Imker. Als sich Harry ihm gegenüber outet, wird er verprügelt und flieht ins Auerhaus. Er unterscheidet sich in seinem Verhalten und in seinen Prioritäten deutlich von den vier Gymnasiasten, wird aber dennoch als Teil der Wohngemeinschaft aufgenommen. Am Ende fallen die Strafen gegen ihn etwas deutlicher aus: ein Jahr Gefängnis auf Bewährung wegen Drogenhandel und Drogenbesitz sowie zwei Jahre Führerscheinentzug wegen der Verfolgungsjagd mit dem Polizeiauto (vgl. K 145/A 212). Bei der Beerdigung von Frieder ist er anwesend. Auf die Frage nach seiner beruflichen Tätigkeit, sagt er, er produziere „Klamotten. Mit denen man Musik machen kann" (K 156/A 229).

3.5 Sachliche und sprachliche Erläuterungen

K S. 15, Z. 30/ A S. 20	**Sturm und Drang, Klassik, Romantik**	Strömungen und Epochen der deutschen Literaturgeschichte; die korrekte Reihenfolge lautet: Sturm und Drang (ca. 1770–1790), Klassik (ca. 1786–1805), Romantik (ca. 1795–1835).
K S. 16, Z. 5/ A S. 20	**Goethe, Werther**	Der Briefroman *Die Leiden des jungen Werther* von Johann Wolfgang Goethe erschien 1774. Die Einsicht, dass Ideal und Wirklichkeit sich nicht versöhnen lassen, treibt Werther in eine tödliche Verzweiflung; er erschießt sich.
K S. 22, Z. 30/ A S. 29	**Imiglykos**	Halbsüßer griechischer Wein (griech.: glykos = süß; griech.: imi = halb).
K S. 23, Z. 21; S. 24, Z. 3 f./ A S. 31	**Musterung, Zivildienst, Bundeswehr**	Bis zum Jahr 2011 galt in der Bundesrepublik Deutschland die Wehrpflicht für alle Männer ab 18 Jahren. Vorher musste man sich einer Musterung unterziehen, bei der der Tauglichkeitsgrad festgestellt wurde. Im Art. 12 a Abs. 2 GG heißt es: „Wer aus Gewissengründen den Kriegsdienst mit der Waffe verweigert, kann zu einem Ersatzdienst (= Zivildienst) verpflichtet werden".
K S. 27, Z. 12/ A S. 37	**Omegawolf**	Als Omegawolf bezeichnet man die Tiere im Wolfsrudel, die die niedrigste Position einnehmen und oft als Sündenbock behandelt werden.
K S. 37, Z. 27/ A S. 52	**Otto Hahn**	Deutscher Chemiker (1879–1968), der für die Entdeckung und den Nachweis der Kernspaltung des Urans 1944 den Nobelpreis der Chemie erhielt.

3.5 Sachliche und sprachliche Erläuterungen

K S. 39, Z. 24 f./ A S. 55	**Alexis Sorbas**	(Originaltitel: *Zorba The Greek*) ist die Verfilmung des gleichnamigen Romans von Nikos Kazantzakis. Der Film kam 1964 in die Kinos und zählt zu den erfolgreichsten Filmen aller Zeiten (Regie: Michael Cacoyannis). Die Hauptrolle spielte Anthony Quinn.
K S. 41, Z. 20 f./ A S. 57	**Recorder, Kassette**	Der Kassettenrekorder ist ein handliches, tragbares Gerät zur Aufnahme und zum Abspielen von Kompaktkassetten. Die Technologie wurde 1963 erstmalig vorgestellt, sie verschwand seit 1983 durch die Einführung der CD weitgehend vom Markt.
K S. 42, Z. 5/ A S. 58	**Our House**	Song der englischen Band *Madness*, den diese im Jahr 1982 auf ihrem Album „The Rise & Fall" veröffentlichte. Der Song erreichte die Top Ten der englischen und US-amerikanischen Hitparade. (Der Liedtext ist im Kapitel 5 Materialien in dieser Erläuterung wiedergegeben.)
K S. 43, Z. 10/ A S. 60	**Belgischer Kreisel**	Der sog. „Belgische Kreisel" ist die beste Möglichkeit, um als kleine Fahrrad-Gruppe schnell voranzukommen. Dabei handelt es sich um die schwierigste, aber auch effektivste und damit schnellste aller Windschattenformationen, die vor allem im Radrennsport genutzt wird. Damit der Kreisel rund läuft, müsste die Gruppe allerdings mindestens aus fünf Personen bestehen. Diese bilden zwei Einzelreihen, die mit unterschiedlicher Geschwindigkeit nebeneinanderfahren. Durch das Wechseln der Positionen „kreiselt" die Formation um einen gedachten Mittelpunkt.

3.5 Sachliche und sprachliche Erläuterungen

K S. 43, Z. 12 f./ A S. 60	**Peloton**	Begriff aus dem Radrennsport: damit wird die jeweils größte Fahrergruppe bezeichnet.
K S. 47, Z. 13/ A S. 67	**Birth, school, work, death**	Song der englischen Band *The Godfathers*, der 1988 auf dem gleichnamigen Album veröffentlicht wurde. (Der Liedtext ist im Kapitel 5 Materialien in dieser Erläuterung wiedergegeben.)
K S. 47, Z. 18 f./ A S. 67	**Alfred Adler**	Österreichischer Arzt und Psychologe (1870–1937). Er gilt als Begründer der sog. Individualpsychologie. Die englischsprachige Originalausgabe seines Buches *Wozu leben wir?* erschien 1931. (Ein Auszug daraus ist im Kapitel 5 Materialien in dieser Erläuterung wiedergegeben.)
K S. 56, Z. 7/ A S. 81	**Ludwig Erhard**	Deutscher Politiker und Wirtschaftswissenschaftler (1897–1977); er war von 1949–1963 Bundesminister für Wirtschaft und von 1963–1966 Bundeskanzler der Bundesrepublik Deutschland. Sein Buch *Wohlstand für alle* erschien 1957.
K S. 62, Z. 25/ A S. 90	**Doris Day**	US-amerikanische Filmschauspielerin und Sängerin (geb. 1922). Sie wurde 1960 für den Oscar als beste Hauptdarstellerin im Film *Bettgeflüster* nominiert.
K S. 62, Z. 30/ A S. 90	**Whatever will be, will be**	*Que Sera, Sera (Whatever Will Be, Will Be)* ist ein Lied, das 1956 von Ray Evans und Jay Livingston für den Film *Der Mann, der zu viel wusste* (Regie: Alfred Hitchcock) geschrieben und von Doris Day im Film gesungen wurde. 1957 wurde es als bester Song mit dem Oscar ausgezeichnet. Der Songtext stellt ein Mädchen vor, das seine Mutter über die Zukunft fragt. Die Antwort ist immer: „Que sera, sera" (span.: „Was sein wird, wird sein").

3.5 Sachliche und sprachliche Erläuterungen

K S. 67, Z. 23 f./ A S. 98	**Feudalismus**	Bezeichnung für die historische Epoche (von ca. 800–1800 n. Chr.), in der die Gesamtheit der sozialen Verhältnisse auf einem persönlichen Treueverhältnis zwischen dem Feudalherrn (z. B. ein adeliger Grundbesitzer) und dem Untergebenen (z. B. ein unfreier Bauer) beruhen.
K S. 68, Z. 30 f./ A S. 100	**Walkman**	Tragbares Mini-Abspielgerät für Kompaktkassetten, das 1979 von Sony auf den Markt gebracht wurde.
K S. 71, Z. 11/ A S. 103	**Apotheker von Auschwitz**	1950 eröffnete Victor Capesius, der in den Jahren 1943–1945 die Lagerapotheken der Konzentrationslager Dachau und Auschwitz geleitet hatte, in Göppingen die Markt-Apotheke. Capesius wurde 1959 festgenommen und im sog. Auschwitz-Prozess 1965 zu neun Jahren Haft verurteilt. Die Umstände seines Lebens (1907–1985) sind dokumentiert in dem Buch von Dieter Schlesak: *Capesius, der Auschwitzapotheker* (Bonn, 2006).
K S. 74, Z. 9/ A S. 108	**Mixtape**	Bezeichnung für selbst aufgenommene und zusammengestellte Musik auf einer Kompaktkassette.
K S. 76, Z. 22 f./ A S. 112	**Pence, Shilling**	Münzen des englischen Währungssystems vor der Umstellung auf das Dezimalsystem 1971. 12 Pence ergaben einen Shilling, 20 Shilling ergaben ein Pfund (pound).
K S. 80, Z. 20/ A S. 118	„**Mußoschokola**"	Richtige Schreibweise: mousse au chocolat, französischer Dessertklassiker aus Zartbitterschokolade, Eiern, Schlagsahne und Zucker.
K S. 81, Z. 12/ A S. 119	**Cadillac Eldorado**	Luxusauto des amerikanischen Herstellers Cadillac, das in verschiedenen Ausstattungsversionen von 1953–2002 hergestellt wurde.

3.5 Sachliche und sprachliche Erläuterungen

K S. 84, Z. 9/ A S. 123	**The Final Countdown**	Song der schwedischen Rockband *Europe*, der 1986 auf dem gleichnamigen Album veröffentlicht wurde. Der Titel erreichte in vielen Ländern die Spitzenplatzierung der Hitparade.
K S. 86, Z. 18/ A S. 126	**Antidepressiva**	Psychopharmaka, die hauptsächlich gegen Depressionen eingesetzt werden.
K S. 88, Z. 32/ A S. 129	**frühromanisch**	Bezeichnung für eine kunstgeschichtliche Epoche zwischen etwa 990 und 1060 n. Chr.
K S. 89, Z. 19/ A S. 131	**die Alb**	Die Schwäbische Alb ist ein ca. 200 km langes Mittelgebirge, das hauptsächlich im Bundesland Baden-Württemberg angesiedelt ist.
K S. 91, Z. 31/ A S. 134	**Gewissensprüfung**	Wer in der Bundesrepublik Deutschland einen Antrag auf Verweigerung des Kriegsdienstes stellte, wurde vor eine dreiköpfige Kommission zu einer mündlichen Gewissensprüfung geladen. Diese Kommission sollte überprüfen, ob der Verweigerer stichhaltige Gewissengründe vortragen kann. 1983 wurde vom Bundestag eine Gesetzesänderung beschlossen, nach der ein Kriegsdienstverweigerer nur noch eine schriftliche Begründung seiner Motive vorlegen musste.
K S. 99, Z. 25/ A S. 146	**Claus Schenk Graf von Stauffenberg**	(1907–1944), Offizier der deutschen Wehrmacht, eine der zentralen Personen des Widerstands gegen Adolf Hitler. Nach dem misslungenen Attentat vom 20. Juli 1944 wurde er am folgenden Tag in Berlin standrechtlich erschossen.

3.5 Sachliche und sprachliche Erläuterungen

K S. 101, Z. 30 f./ A S. 149	**Kreiswehrersatzamt**	Eine Bundesbehörde, deren Hauptaufgabe darin bestand, den Personalersatz für die Bundeswehr sicherzustellen. Mit dem Aussetzen der Wehrpflicht wurden die Kreiswehrersatzämter ab 2012 aufgelöst.
K S. 104, Z. 23/ A S. 153	**Dioptrien**	Die Maßeinheit Dioptrie wird in der Augenoptik verwendet, um zu beschreiben, wie stark ein Brillenglas das Licht brechen muss, damit eine Fehlsichtigkeit korrigiert wird. Oder vereinfacht gesagt: die Stärke der Brillengläser wird in Dioptrien angegeben.
K S. 104, Z. 29/ A S. 153	**Kriegsdienstverweigerer**	In der Bundesrepublik Deutschland gelten die Art. 12 a GG: „(1) Männer können vom vollendeten achtzehnten Lebensjahr an zum Dienst in den Streitkräften … verpflichtet werden … (2) Wer aus Gewissengründen den Kriegsdienst mit der Waffe verweigert, kann zu einem Ersatzdienst verpflichtet werden."[11] und Art. 4 Abs. 3 GG: „Niemand darf gegen sein Gewissen zum Kriegsdienst mit der Waffe gezwungen werden"[12].
K S. 106, Z. 32 f./ A S. 156	**Kafka; Dostojewski**	Romane von Fjodor Dostojewski (1821–1881): *Schuld und Sühne* (1866), *Der Idiot* (1868) und von Franz Kafka (1883–1924): *Der Prozess* (1925).

---

[11] Auszug aus dem Grundgesetz für die Bundesrepublik Deutschland, im Internet unter: https://www.gesetze-im-internet.de/gg/art_12a.html (Stand März 2017)
[12] Auszug aus dem Grundgesetz für die Bundesrepublik Deutschland, im Internet unter: https://www.gesetze-im-internet.de/gg/art_4.html (Stand März 2017)

3.5 Sachliche und sprachliche Erläuterungen

K S. 114, Z. 25 bis S. 115, Z. 14/ A S. 167 f.	**Texterörterung**	Roman als eine Art Flugsimulation. Bei dem zu erörternden Text handelt sich um einen Auszug aus Dieter Wellershoff, *Literatur und Veränderung* (Köln und Berlin 1969), der z. B. auch 2007 im schriftlichen Deutsch-Abitur Baden-Württemberg verwendet wurde. (Ein Auszug daraus ist in der Aufgabe 3 im Kapitel 6 Prüfungsaufgaben dieser Erläuterung wiedergegeben.)
K S. 120, Z. 19/ A S. 176	**StGB**	Abkürzung für Strafgesetzbuch.
K S. 123, Z. 4/ A S. 179	**SEK**	Abkürzung für Spezialeinsatzkommando, eine Spezialeinheit der Polizei in Deutschland.
K S. 123, Z. 29 f./ A S. 180	**Film über Weizen**	Bei dem Film handelt es sich um den Dokumentarfilm *Septemberweizen* von Peter Krieg, der ursprünglich im ZDF (am 21. Juni 1980) ausgestrahlt wurde und dann in die Kinos kam. 1981 erhielt er den Adolf-Grimme-Preis.
K S. 129, Z. 8/ A S. 187	**Edvard Munch, Der Schrei**	Bekanntes Bild des norwegischen Malers Edvard Munch (1863–1944), das in vier Variationen zwischen 1893 und 1910 entstanden ist und als Meisterwerk des Expressionismus gilt.
K S. 138, Z. 12/ A S. 203	**Abspann**	Endelement eines Filmes, bei dem die Schauspieler und der gesamte technische Stab namentlich vorgestellt werden.
K S. 138, Z. 14/ A S. 203	**Michel aus Lönneberga**	Romanfigur aus einem Kinderbuch (1963) von Astrid Lindgren. Die Geschichte wurde Anfang der 70er Jahre verfilmt.

3.5 Sachliche und sprachliche Erläuterungen

K S. 138, Z. 22 f./ A S. 203	**Laurie Anderson**	(*1947) ist eine avantgardistische Performance-Künstlerin, Musikerin und Filmregisseurin. Sie entwickelte 1977 den sog. „Viophonographen", eine Violine mit einer aufmontierten Vinyl-Single, über die sie den Bogen strich.
K S. 139, Z. 8/ A S. 204	**Stimme aus dem Off**	Das sog. „Off" ist der unsichtbar bleibende Bereich, z. B. der Hintergrund einer Bühne oder einer Kameraeinstellung.
K S. 142, Z. 3/ A S. 208	**Lombard, Diskont**	Der Lombardsatz war ein von der Zentralbank festgelegter Zinssatz, zu dem sich Kreditinstitute durch Verpfändung eigener Wertpapiere bei der Zentralbank kurzfristig Liquidität im Rahmen des Lombardkredites verschaffen konnten. Er wurde 1998 durch den Spitzenrefinanzierungssatz der Europäischen Zentralbank (EZB) abgelöst. Der Diskontsatz war ein von der Zentralbank definierter Zinssatz, zu dem Banken Wechsel verpfänden können. Mit dem Übergang der Zuständigkeit für die Geldpolitik auf die EZB wurde ab 1998 das Diskontgeschäft eingestellt.
K S. 142, Z. 5/ A S. 208	**Raiffeisen**	Friedrich Wilhelm Raiffeisen (1818–1888) war ein deutscher Sozialreformer und Kommunalbeamter. Er gilt als Gründervater der Genossenschaftsbewegung und ist Namensgeber der Raiffeisenorganisation.
K S. 142, Z. 7/ A S. 208	**Deutscher Zollverein**	Wirtschaftspolitischer Zusammenschluss von Staaten des Deutschen Bundes zur Beseitigung der Binnenzölle. Der Zollverein trat 1834 in Kraft.

3.5 Sachliche und sprachliche Erläuterungen

K S. 145, Z. 30; S. 146, Z. 1/ A S. 213 f.	**Andreas; Gudrun**	Anspielung auf die beiden RAF-Terroristen Andreas Baader und Gudrun Ensslin, die sich am 18. 10. 1977 in der JVA Stuttgart-Stammheim das Leben nahmen.
K S. 152, Z. 11/ A S. 223	**Das Gedächtnis der Menschheit**	Titel eines Gedichtes von Bertolt Brecht (geschrieben 1952).

3.6 Stil und Sprache

ZUSAMMEN-FASSUNG

→ Der Roman benutzt durchgehend die Ich-Erzählhaltung. Daraus folgt fast zwangsläufig, dass beide möglichen Erzählperspektiven vorhanden sind: die Außensicht und die Innensicht. Der Standort des Erzählers ist mitten im Geschehen, dennoch hat er nur eine begrenzte Sicht auf die Dinge. Dies hängt auch damit zusammen, dass es sich bei dem Ich-Erzähler um einen ca. 18-jährigen Jugendlichen handelt.

→ Als sprachliche Darbietungsweisen werden verwendet: der epische Bericht, der Kommentar des Ich-Erzählers, einmontierte Versatzstücke (Zeitungsnachrichten), die direkte Rede und die indirekte Rede.

→ Die Sprachebene ist – passend zu dem Ich-Erzähler – eine Form der Jugendsprache. Dementsprechend erweist sich der Satzbau im Roman als überwiegend kurzschrittig und parataktisch.

Die Erzählhaltung

Ich-Erzähler beschreibt rückblickend das Geschehen

Der Roman verwendet durchgehend die Ich-Erzählhaltung. Der Ich-Erzähler (IE) Höppner ist also am erzählten Geschehen selbst beteiligt und schreibt rückblickend nieder, was er sieht, wahrnimmt und erfährt; das Dargestellte bleibt völlig an seinen Erlebnishorizont gebunden; was andere denken und fühlen, kann er zwar aus ihrem Verhalten vermuten, er kann sich dabei aber auch täuschen. Im äußersten Fall täuscht er sich sogar über sich selbst und seine Rolle im epischen Ablauf. In seinem Standardwerk *Typische Formen*

3.6 Stil und Sprache

des Romans hat Franz K. Stanzel diese Erzählhaltung folgendermaßen definiert:

> „Die Ich-Erzählsituation unterscheidet sich von der auktorialen Erzählsituation zunächst darin, dass hier der Erzähler zur Welt der Romancharaktere gehört. Er selbst hat das Geschehen erlebt, miterlebt oder beobachtet, oder unmittelbar von den eigentlichen Akteuren des Geschehens in Erfahrung gebracht. Auch hier herrscht die berichtende Erzählweise vor, der sich szenische Darstellung unterordnet. ..."[13].

Definition Ich-Erzählsituation

Im Gegensatz zur Autobiografie sind hier aber sicher auch fiktionale Bestandteile eingearbeitet worden, zudem liegt der Handlungsschwerpunkt eher auf einer zweiten Figur, dem Schulfreund Frieder.

Durch die Tatsache, dass der IE rückblickend erzählt und große Parallelen zwischen dem IE und dem Autor Bov Bjerg (der den Roman geschrieben hat, als er knapp 50 Jahre alt war!) festzustellen sind, werden auch Elemente des auktorialen Erzählens sichtbar. Denn Bjerg stellt etwas dar, worüber er vollkommen Bescheid weiß: Er kennt den Ausgang schon, wenn er zu erzählen beginnt. Er hat einen gewissen Einblick in die Gefühle und Gedanken jeder Gestalt und weiß (teilweise), warum etwas geschieht und welche Folgen es haben wird. Es geht sogar soweit, dass der Erzähler mit der Chronologie des Geschehens spielt und Elemente der Handlung im Zeitablauf verschiebt.

Parallelen Autor – Ich-Erzähler

Aus der Ich-Erzählhaltung folgt fast zwangsläufig, dass beide möglichen Erzählperspektiven vorhanden sind:

Zwei Erzählperspektiven

---

[13] Stanzel, S. 16

3.6 Stil und Sprache

→ **Die Außensicht**: der IE stellt dar, was ein neutraler Außenstehender beobachten kann, er weiß nicht, ob die handelnden Personen sich verstellen, lügen, sich täuschen, irren und

→ **Die Innensicht**: der IE stellt auch Gedanken, Gefühle, Wünsche der handelnden Figuren dar, auch dann, wenn niemand sie kennen könnte.

Der Standort des Erzählers ist mitten im Geschehen, dennoch hat er nur eine begrenzte Sicht auf die Dinge. Dies hängt auch damit zusammen, dass es sich bei dem IE um einen ca. 18-jährigen Jugendlichen handelt, der manches nicht ganz durchschaut und gar nicht in der Lage ist, eine tiefere nachträgliche Analyse des Geschehens durchzuführen.

Die Erzähltechnik
Als sprachliche Darbietungsweisen werden verwendet:
→ der epische Bericht,
→ der Kommentar des IEs,
→ einmontierte Versatzstücke (Zeitungsnachrichten),
→ die direkte Rede und die indirekte Rede.

Wechsel zwischen Realität und Traum-Vorstellungen

Eine Besonderheit der Erzähltechnik ist die Tatsache, dass der Erzähler an mehreren Stellen zwischen der Realität des fortlaufenden Geschehens und eigenen **Traum-Vorstellungen** (die meist in die Zukunft weisen) wechselt:

Textstellen der Traum-Vorstellungen des IEs

→ Bei seinem Besuch in der Nervenheilanstalt fantasiert er plötzlich: „Ich stellte mir vor, die Geschlossene und dieser neblige Park, das wäre jetzt meine Welt. Ich war mit einem Strick auf einen Baum geklettert, aber der Förster hatte mich dabei gesehen und auf mich eingeredet, wieder herunterzukommen, und jetzt war ich in der Klapse …" (K 29/A 39).

3.6 Stil und Sprache

→ Als an einem Tag Frieder nicht in die Schule kommt, fahren die Mitbewohner eilig wieder nach Hause und sehen vor dem Auerhaus einen Krankenwagen. Der IE konstruiert in seinem Kopf: „Frieder war tot ... Wir hatten nicht aufgepasst" (K 52/A 75 f.).
→ An einem Winterabend backen die Bewohner des Auerhauses gemeinsam Plätzchen. Da läuft im Kopf des IEs ein Kinofilm ab: „Ich hatte die Augen geschlossen. Ich sah es ganz deutlich: Die Küchentür ging auf. Da stand Doris Day in einem grünen Kostüm ... Sie nahm Harry die leere Weinflasche aus der Hand ... Dabei sang sie leise: ‚Whatever will be, will be'. Ihre Farben waren schon ein bisschen blass" (K 62/A 90).
→ Nach dem problematischen Anfang des Weihnachtsabends bei der Mutter und ihrem Freund geht er zu Fuß weiter zu dem Weihnachtsessen für Alte und Obdachlose. „Ich stellte mir vor, wie ich eine tiefe zugefrorene Pfütze übersah und ins Eis einbrach ... Dann wurde ich bewusstlos. Ich erfror ... Die Titelseite vom Lokalteil war mir sicher ..." (K 69 f./A 101 f.).
→ Nach der chaotischen Silvesternacht geht er am nächsten Tag allein mit einer Flasche Wodka in den Wald. „Ich schaute in einen Tunnel. Der bewegte sich auf mich zu. Er stülpte sich über mich. Es wurde immer dunkler. Jetzt war ich sehr, sehr müde ..." (K 93/A 137).
→ Nach der Musterung schweifen die Gedanken des IEs in eine düstere Zukunft: „Sie würden mich einberufen, bevor ich nach Berlin abhauen konnte. Und dann? Erst Arrest, dann Knast. Wie lange Knast? Ein halbes Jahr? Ein Jahr? Ein Jahr lang allein unter lauter Typen, die nach der Achten von der Schule abgegangen waren. Die sich dauernd prügelten ..." (K 106/A 155).
→ Die ausführlichste Projektion einer möglichen Zukunft findet sich auf den Seiten K 137–140/A 202–205. Von allen Bewoh-

3.6 Stil und Sprache

nern des Auerhauses wird eine positive Weiterentwicklung angedacht. Doch bald kommt die Einschränkung: „Ich hatte es versucht. Aber wenn ich ein anderes Ende simulierte, kam bloß eine geheilte Welt dabei raus. In meinem Zukunftssimulator gab es keine Abstürze, keine Verletzten und keine Toten ... Im richtigen Leben waren die Landungen härter" (K 140/A 205).

Die Sprachebene
Jugendsprache
Bei der sprachlichen Analyse des Romans ist zunächst einmal die Sprachebene zu bestimmen. Diese ist – passend zum IE – eine Form der **Jugendsprache**.

Peter Schlobinksi beschrieb in seinem Aufsatz *Jugendsprache und Jugendkultur* für die Zeitschrift „Aus Politik und Zeitgeschichte (5/2002) diese Gruppensprache folgendermaßen:

Eigene, soziale und sprachliche Normen

„Die kulturellen Ressourcen, aus denen Jugendliche schöpfen, entstammen in zunehmendem Maße den Medien, welche die kommerzialisierten und lebensstilorientierten jugendlichen Gruppenstile bedienen. Jugendliches Spiel mit Sprache und Kommunikation hat gegenwärtig in der Regel weniger die Funktion, Protest auszudrücken, sondern ist vielmehr Teil einer durch Medien geprägten Kultur des Spaßes und der Zerstreuung, der Anregung in der Gruppe, in der es um Vergnügen und gelegentlich um ‚den Kick' geht. Die Gesprächskultur von Jugendlichen erscheint aus der Erwachsenenperspektive als defizitär, aus der Binnenperspektive jugendlicher Peer-Groups stellt sich dies anders dar: Jugendliche Kommunikationsformen erscheinen ‚als systematische Resultate einer Orientierung an Unterhaltung und Wettbewerb'. Dabei gelten eigene, von der Erwachsenenwelt ab-

3.6 Stil und Sprache

weichende soziale und auch sprachliche Normen. Die Orientierung an Spaß und Identitätsprofilierung ist jedoch janusköpfig, denn sie schafft einerseits ‚Freiräume für Ungezwungenheit, Tabubruch und das Austesten von Identitäten und sie befreit andererseits von lästigen Zwängen zivilisatorischer Etikette. Erkauft wird dies aber durch den Verlust von Schutz und Schonung, die diese Etikette gewährt, und so entstehen neue Zwänge: Das Individuum muss jederzeit auf der Hut sein … und die Orientierung an Spaß und Wettbewerb kann schnell zum Spaßzwang werden'. Und wenn dieser ‚Spaßzwang' immer mehr unter das Diktat der Mediengesellschaft gerät, dann allerdings stellt sich die Frage, inwieweit jugendliche Gesprächskulturen noch kreativ oder teilweise nicht vielmehr Schablonen, Abziehfolien medial vorgefertigter Stilmuster sind."[14]

Beispiel für **jugendsprachliche Wendungen** in dem Roman sind die Benennungen von einzelnen Personen oder Institutionen:
→ „Zentralverriegelungsaxel" für den Mitschüler Axel,
→ „F2M2" für den Freund der Mutter,
→ „Doktor Turnschuh" für den Deutschlehrer Faller und
→ „Spezial-Schwachmaten" für Zeitsoldaten bei der Bundeswehr,
→ Polizist Bogatzki ist der „Dorfsheriff",
→ die Nervenheilanstalt ist die „Klapse".

Immer wieder finden sich in der Sprache des IEs auch **vulgäre Grobianismen**: beim Tapezieren pinselt er an die Wand – und meint damit wohl den Freund der Mutter –: „Arschloch dumm wie 1m Feldweg" (K 10/A 13); Vera klaut „irgendwelchen nutzlosen Scheiß" (K 14/A 18); Frieder wird vom IE nach seinem Suizidversuch gefragt:

---

14 Schlobinski, S. 29

3.6 Stil und Sprache

„Waßß machßßt du denn für eine Scheißße?" (K 22/A 28). An einem Morgen stellen sie vor dem Aufbruch zur Schule fest: „Draußen regnete es wie Sau" (K 51/A 74)!

Gerne werden auch **lautmalerische Umschreibungen** verwendet: Der Musterungsbescheid kommt in den Ordner „Bummbumm" (K 99/A 145) und der IE fährt sein schriftliches Deutsch-Abitur „rummsbumms gegen die Wand" (K 141/A 207), er hat es eben „versemmelt" (K 117/A 171).

Dass Jugendsprache auch eine Sprache der Unsicherheit, der Unklarheit, des nicht analytisch Zu-Ende-Denkens ist, unterstreichen die häufigen Formulierungen wie „irgendwie", „egal" und „hatte keinen blassen Schimmer". Für einen Abiturienten ist es natürlich in den 80er Jahren etwas peinlich, wenn er über Berlin „weiß", dass „die Mauer irgendwie mittendurch ging" (K 11/A 14).

Das Besondere an dem IE ist aber die **Fähigkeit, zwischen Jugendsprache und einer fast elaborierten Normalsprache zu wechseln**. Exemplarisch ist dies beim schriftlichen Deutsch-Abitur zu sehen, wo er eine Texterörterung zu schreiben hat. Am Ende der Arbeitszeit geht er den Aufsatz noch einmal durch: „Ich ... ersetzte überall ‚vielleicht' durch ‚eventuell' und ‚ziemlich' durch ‚relativ'. An einer Stelle, an der es mir passend erschien, fügte ich ‚etabliert' ein, ‚Klos' ersetzte ich durch ‚Toiletten' und ‚Scheiße' durch ‚Fäkalien'. Ich fand noch ein ‚total bescheuert', aus dem machte ich ‚relativ fragwürdig' (K 116 f./A 170).

Interessant ist auch zu beobachten, dass er einerseits in dem zu erörternden Text sechs Fremdwörter findet, die er noch nie gehört hat, dass er aber beim Schreiben sich dann des Fremdwortes „Eskapismus" (K 116/A 169) bedient.

3.6 Stil und Sprache

Bildliche Vergleiche

Außerdem ist der IE offensichtlich in der Lage, gewisse Fachbegriffe durch anschauliche **bildliche Vergleiche** zu erklären. Auf Seite K 44/A 61 sagt er, ein Gehirn mit Depression sei „wie ein Fahrrad mit einem kaputten Tretlager. Man konnte strampeln, wie man wollte, aber man kam doch nicht vom Fleck". Auf der Seite K 140/A 205 benutzt er das Bild der Flugsimulation als Modell für Gedanken über die Zukunft. Dasselbe Bild wird übrigens in dem Abiturtext verwendet: „Literatur ersetze quasi das richtige Fliegen" (K 114/A 168).

Weitere bildliche Vergleiche oder **Metaphern** im Roman sind:
- → Frieder sagt einmal: „Die Pflastersteine sehen aus wie Knochen" (K 33/A 45).
- → Literatur ist für ihn „das Klopapier, mit dem sich jedes Arschloch putzt" (K 48/A 68).
- → Die Distanz zwischen den Auerhaus-Bewohnern beschreibt Frieder mit der Formulierung: „ihr seid alle ... hinter Glas" (K 127/A 185).
- → Der IE gebraucht noch einen weiteren Fahrrad-Vergleich: „Klauen können, das war wie Radfahren können. Wie trampen. Umsonst bis ans Ende der Welt" (K 59/A 86).
- → Über den am Tisch rauchenden Frieder sagt er einmal: „sein Unterarm bewegte sich. Wie eine Bahnschranke" (K 67/A 96).
- → Der von seinem Vater verprügelte Harry „sah aus, als würde er eine lila Brille tragen" (K 76/A 111).
- → Die winterliche Stimmung im Freien motiviert den IE zu einem weiteren Vergleich: „Die Atemwolken standen in der Luft wie leere Sprachblasen" (K 97/A 142).
- → Vera und Cäcilia berichten vom Weihnachtsabend, sie hätten sich bei den Eltern das Hirn bzw. das Herz erfroren (vgl. K 74/A 108).

3.6 Stil und Sprache

Syntax

Häufung kurzer Sätze

Entsprechend der durchgehenden Sprachebene (Jugendsprache) erweist sich der **Satzbau** im Roman als **überwiegend parataktisch**. Die Kürze vieler Sätze scheint sogar als Stilmittel besonders bevorzugt worden zu sein. Typische Beispiele hierfür sind:

→ „Die Haustür knarrte. Schneeflocken schwebten auf meine nackten Arme. Im ganzen Dorf war der Strom ausgefallen" (K 7/A 7).

→ „Es gab Kaffee. Es gab Bier. Wir lachten" (K 156/A 230).

Unvollständige Sätze

Die Beschränkung auf die notwendigsten Satzglieder Subjekt, Prädikat und Objekt gibt dem Roman einen teilweise **telegrammartigen Stil**. An mehreren Stellen wird sogar noch auf das Prädikat verzichtet, der Satz also streng genommen unvollständig abgeschlossen:

→ „Hinter ihm ratterte ein Güterzug mit Autos drauf. Nagelneue Daimler auf zwei Etagen" (K 31/A 43).

→ „Ich steckte sie in das kleine Fach in der Hosentasche von meiner Jeans. Als Talisman. Wegen dem Sparen und wegen Berlin" (K 46/A 64).

Häufig treten beim Satzbau auch **Wiederholungsfiguren** auf:

→ „Er setzte sie wieder auf. Er setzte sie wieder ab" (K 8/A 8).

→ „Die einen kamen, die anderen gingen" (K 8/A 8).

→ „Ich verstand nicht, warum sich einer umbringen wollte. Auch nach all den Wochen verstand ich es nicht. Also, irgendwie verstand ich es schon, aber ich verstand nicht, dass es einer wirklich versuchte" (K 44/A 61).

→ „Es war das Köstlichste, was ich in meinem ganzen Leben gegessen hatte. Das Allerallerköstlichste" (K 56/A 81).

3.6 Stil und Sprache

Und schließlich treten als Zeichen des Nachdenkens beim IE öfters **Folgen von kurzen Fragesätzen** auf:
→ „Und dann? Erst Arrest, dann Knast. Wie lange Knast? Ein halbes Jahr? Ein Jahr?" (K 106/A 155).
→ „Was für Bücher gab es in einer Knastbibliothek? ... Wie lange würde ich dafür brauchen? Zwei Wochen. Und dann?" (K 106 f./A 156).

3.7 Interpretationsansätze

3.7 Interpretationsansätze

ZUSAMMENFASSUNG

Zum besseren Verständnis und zur Auseinandersetzung mit dem Roman bieten sich folgende Interpretationsansätze an:
→ Die Betrachtung und Deutung der zentralen Dingsymbole im Roman,
→ der Gattungsbezug des Romans als Adoleszenzroman und der Vergleich mit ähnlichen Werken,
→ der inhaltliche Schwerpunkt von *Auerhaus* als ein utopischer Roman über das richtige Leben,
→ die Frage nach den Gründen für den Selbstmord von Frieder und der Vergleich mit anderen Romanen, die Selbstmorde von Jugendlichen thematisieren,
→ die Rolle der Musik für die Protagonisten des Romans,
→ die Beziehung des Romans *Auerhaus* zu anderen vorkommenden Texten (Intertextualität) und
→ die Formen der verbalen und nonverbalen Kommunikation im Roman.

Zentrale Dingsymbole im Roman

Der Roman *Auerhaus* ist durchzogen von einer Reihe von (Ding-)Symbolen, die leitmotivisch an wesentlichen Stellen auftauchen. Ein symbolischer Begriff veranschaulicht einen Gedanken oder ein Gefühl, ohne dass zwischen dem Gedanken oder dem Gefühl ein unmittelbarer Zusammenhang besteht; die Verbindung zwischen dem Gegenstand und dem Gemeinten ergibt sich erst aus der Darstellung.

3.7 Interpretationsansätze

Die Axt

An erster Stelle ist in dem Roman ohne Zweifel die Axt zu nennen, die im Verlaufe der Handlung fünfmal eine bestimmte Rolle spielt (nebenbei sei noch erwähnt, dass es sich wahrscheinlich um zwei verschiedene Äxte handelt):

→ Am Anfang des Geschehens sucht Frieders Vater nach seiner Axt, weil er überraschend eine Fuhre Holz bekommen hatte und Brennholz machen musste. Dabei sucht er auch im Keller des Bauernhofes und findet den bewusstlosen Sohn Frieder, der sich mit Schlaftabletten und Wein das Leben nehmen wollte. Somit kann festgestellt werden: „Die Axt hat dir das Leben gerettet" (K 23/A 30).

→ Nach dem Einzug ins Auerhaus bringt der gegenüber wohnende Bauer Seidel den Bewohnern eine Axt, die er einmal von Frieders Großvater, als dieser noch lebte, ausgeliehen hatte (vgl. K 41 f./A 58).

→ Am Heiligen Abend fällt Frieder mit dieser Axt den großen Dorf-Weihnachtsbaum und löst damit einen Kurzschluss aus. Die anderen finden ihn danach – wohl bekifft – vor der Haustür, wo er zufrieden äußert: „Ich hab's gemacht" (K 75/A 109). Dazu erfährt man: „Unten an der Treppe lag die Axt" (K 7/A 7).

→ Im Winter machen die Auerhaus-Bewohner Holz für den Ofen. Nur Pauline traut sich, mit der Axt kräftig zuzuschlagen und die großen Stücke, die Frieder hält, zu spalten (vgl. K 96–98/A 141–143).

→ Nach dem Leichenschmaus am Gründonnerstag gehen der IE, Vera und Harry noch einmal ins Auerhaus, um nach der Axt zu suchen. Sie überlegen: „Sollten wir sie Frieder noch schnell ins Grab legen? ... man brauchte sie innen drin im Sarg, um den Scheißsarg zu zerdreschen" (K 158/A 233). Doch sie finden die Axt nicht.

Textstellen, in denen die Axt eine Rolle spielt

3.7 Interpretationsansätze

Die Axt als zentrales Symbol im Roman
© ullstein bild – Mayall

Die Axt für Frieder: Symbol der Freiheit

Ausgehend von diesen Textstellen kann man sehen, dass die Axt im Roman ganz unterschiedliche Funktion und Bedeutungen hat. Insgesamt aber erscheint eine positive Symbolik, denn die Axt stellt für Frieder ein Element der Freiheit dar. Zum einen rettet ihm die Axt nach seinem Suizidversuch das Leben, zum anderen drückt er mit der Axt seinen Protest gegen die bürgerlichen Rituale (Weihnachtsbaum) aus, weiterhin sorgt die Axt für Wärme im gemeinsam bewohnten Haus, schließlich wäre die Axt auch noch ein Instrument, um sich aus der Enge des Sarges zu befreien und vielleicht ein entgrenztes ewiges Leben zu erreichen.

3.7 Interpretationsansätze

Häufig gebrauchte Wendungen mit dem Begriff der Axt sind diese Formulierungen:

Redewendungen mit Axt

→ „Die Axt im Haus erspart den Zimmermann":
 Mit diesem Satz beschließt Wilhelm Tell in Schillers gleichnamigem Drama seine Arbeit am Hoftor (III, 1). Das Zitat bedeutet: „Jemand, der im Umgang mit Handwerkszeug geschickt ist, braucht für vieles nicht die Hilfe eines Fachmanns". Von diesem Sprichwort lassen sich allerdings keine Assoziationen zur Symbolik im Roman *Auerhaus* finden.
→ „Er benimmt sich wie eine/die Axt im Walde":
 (umgangssprachlich: er ist ungehobelt, rüpelhaft in seinem Benehmen). Dies könnte in einzelnen Aspekten auf Frieder zutreffen.
→ „Einer Sache die Axt an die Wurzel legen, an einer Sache die Axt anlegen":
 (= sich anschicken, einen Missstand zu beseitigen). Letzteres findet man in der Bibel bei Matthäus 3, 10: „Es ist schon die Axt den Bäumen an die Wurzel gelegt. Darum, welcher Baum nicht gute Frucht bringt, wird abgehauen und ins Feuer geworfen." Mit diesem Gedanken lässt sich eventuell Frieders Suizidverhalten erläutern. Das lateinische Wort für Wurzel (= radix) bildet wiederum die Herkunft des Adjektivs „radikal" und ergibt somit einen Hinweis auf Frieders Verhältnis zum Leben.

Weitere Dingsymbole

Andere, weniger auffällige Dingsymbole in dem Roman sind der **Federball**, der **Joint**, das **T-Shirt** und der **Cadillac Eldorado**. Die ersten drei Gegenstände werden Frieder ins offene Grab geworfen, wobei die tiefere Bedeutung des T-Shirts für den Leser ziemlich verborgen bleibt. Frieder trägt es in XXL-Größe beim Radfahren,

Symbole, die für Freiheit, Unbeschwertheit und Unangepasstheit stehen

3.7 Interpretationsansätze

er hat es natürlich geklaut und dabei sogar das Etikett dran gelassen. Die anderen Begriffe vermitteln allgemein ein Gefühl der Freiheit, der Unbeschwertheit und der Unangepasstheit.

Gattungsbezug: *Auerhaus* als Adoleszenzroman

Unterschied Jugendroman – Adoleszenzroman

Oft werden die Begriffe „Adoleszenzroman" und „Jugendroman" so eng aneinandergerückt, dass fälschlich der Eindruck entstehen könnte, es handle sich bei ihnen um synonyme Begriffe. Die beiden Bezeichnungen sind jedoch, auch wenn sie gelegentlich etwas unscharf verwendet werden, keineswegs Synonyme und nicht einmal auf derselben semantischen Ebene angesiedelt.

Der Terminus „Jugendroman" umgreift als Oberbegriff alle möglichen Romanformen für Jugendliche, also etwa den historischen Jugendroman, den Fantasy-Roman, den Kriminalroman, den Familienroman oder eben auch den Adoleszenzroman. Der Begriff „Adoleszenzroman" meint also eine spezifische Erscheinungsform oder Subgattung des modernen Jugendromans, und zwar eine solche, die – nach Heinrich Kaulen – durch folgende Merkmale definiert ist:

Definition Adoleszenzroman

> „Geschildert wird die Adoleszenzphase eines (oder mehrerer) Jugendlichen, früher traditionell meist die eines männlichen Helden, heute verstärkt auch die einer weiblichen Protagonistin im Alter von etwa 11/12 Jahren bis (maximal) Mitte oder Ende zwanzig.

Prozess der Identitätssuche i. d. R. ohne positiven Ausgang

> Diese Adoleszenzphase wird als Prozess einer prekären Identitäts- und Sinnsuche aufgefasst und findet ihre Binnenstrukturierung in einer Reihe prägender Krisenerfahrungen oder Initiationserlebnisse, die sich auf wenige, genau festliegende Problembereiche beziehen. Zu diesen Problemfeldern zählen in der Hauptsache die Ablösung von der Herkunftsfamilie, die

3.7 Interpretationsansätze

Entwicklung eines eigenen Wertesystems, die ersten sexuellen Erfahrungen mit heterosexuellen oder gleichgeschlechtlichen Partnern, der Aufbau eigenständiger Sozialkontakte in der Peergroup und die Übernahme einer neuen sozialen Rolle. Charakteristisch für den Adoleszenzroman ist, dass der Prozess der Identitätsfindung in der Regel keine positive und endgültige Lösung findet, sondern als ein tragisch scheiternder – zumindest aber als ein unabschließbarer und offener – Vorgang gezeichnet wird. Anders als die meisten problemorientierten realistischen Jugendromane arbeitet der Adoleszenzroman nicht mit typisierten Figuren und exemplarischen Handlungskonstellationen, sondern partizipiert an der radikalen Subjektkonzeption des neuzeitlichen Romans, der die Handlungspersonen als je individuelle und unverwechselbare Einzelpersonen auffasst. Von daher ergibt sich die Fixierung auf die psychische Innenwelt der Hauptfiguren, die in ihren Krisen und Verwicklungen für den Leser als widersprüchliche und komplexe Individuen erfahrbar gemacht werden sollen. Dem Ziel der Exploration einer solchen zerrissenen Innenwelt dienen moderne Techniken des psychologischen Erzählens wie die personale Ich-Erzählung, der innere Monolog, die erlebte Rede sowie die Darstellung von Traumsequenzen und anderen verschlüsselten Symbolwelten des Unbewussten, wie sie bis dato beinahe ausschließlich der für Erwachsenen bestimmten Erzählliteratur vorbehalten gewesen sind."[15]

Fixierung auf psychische Innenwelt der Protagonisten

Die Gattung selbst hat eine lange Vorgeschichte, die mit **Karl Philipp Moritz'** *Anton Reiser* (1785–1790) und **Goethes** *Die Leiden des jungen Werther* (1774) bis weit ins 18. Jahrhundert zurückreicht.

Beispiele für Adoleszenzromane in der Literaturgeschichte

---

15 Kaulen, S. 4

3.7 Interpretationsansätze

Adoleszenzromane der Jahrhundertwende wie **Hermann Hesses** *Unterm Rad* (1905) oder *Die Verwirrungen des Zöglings Törleß* von **Robert Musil** (1906) haben das Genre erstmals zu einem markanten Formtypus mit konstanten Gattungseigenschaften ausgeprägt.

Bei den einschlägigen Texten aus der deutschen Nachkriegsliteratur von **Günter Grass** (*Katz und Maus*, 1961), **Peter Weiss** (*Abschied von den Eltern*, 1961) oder **Ulrich Plenzdorf**, der mit den *Neuen Leiden des jungen W.* (1973) für die Entwicklung in der DDR-Literatur höchst wichtig gewesen ist, handelt es sich um Bücher, die nicht vornehmlich für Heranwachsende gedacht gewesen sind – was natürlich nicht ausschließt, dass sie gerade auch bei Jugendlichen auf begeisterte Resonanz gestoßen sind.

In den USA finden wir schon sehr früh mit **Carson McCullers'** *Frankie* (1946) und mit **Jerome D. Salingers** *The Catcher in the Rye* (1951) zwei gattungsformende Muster für die Darstellung von Adoleszenzkonflikten, wie sie in einer modernen, liberal und demokratisch verfassten Industriegesellschaft auftreten.

In den USA ist es sehr viel früher als in Deutschland zur Integration dieses Romantypus in die Jugendliteratur gekommen. Vielleicht darf man in der Verleihung des Deutschen Jugendliteraturpreises an **Dagmar Chidolue** für *Lady Punk* im Jahr 1986 ein Indiz für die endgültige Durchsetzung des Genres auch in Deutschland erblicken.

Der postmoderne Adoleszenzroman

Die gegenwärtig neueste Ausformung des Adoleszenzromans bietet der sogenannte postmoderne Adoleszenzroman. Er hat das Spektrum des Genres noch einmal beträchtlich verändert und stellt zugleich jene Erscheinungsform dar, die sich am weitesten von den herkömmlichen Mustern der Gattung entfernt. Dazu gehören Bücher von **Bret Easton Ellis**, **Blake Nelsons** Highschool-Roman *Girl* (1994) oder der Drogen- und Subkulturroman *Trainspotting*

(1993) des Engländers **Irvine Welsh**, der sich in Deutschland zu einer Art Kultbuch für junge Erwachsene entwickelt hat. Ein etwas weniger anarchistisches und böses Gegenstück dazu ist das nicht minder erfolgreiche Erstlingswerk *Relax* (1997) der jungen Soap-Opera-Schreiberin **Alexa Hennig von Lange**.

Auerhaus als utopischer Roman über das richtige Leben

Im Mittelpunkt des Romans steht ein Gebäude, das sogenannte „Auerhaus". Wenn man diesen Ort näher betrachtet und mit anderen Örtlichkeiten, die im Roman vorkommen, vergleicht, wird man feststellen, dass es sich um einen Raum der sozialen Utopie, um einen Platz für das richtige Leben handelt.

<small>Das Auerhaus: Raum der sozialen Utopie</small>

Das Auerhaus war das Haus von Frieders Großvater, es befindet sich mitten in dem kleinen Dorf und steht zunächst leer. Im ersten Stock befinden sich ein paar ausgeräumte Zimmer, eine Küche mit einem Holzherd, ein Badezimmer und ein Raum ohne Fenster, den die Bewohner später „Darkroom" nennen. Das Erdgeschoss ist ein großer gefliester Raum, der früher als Wasch- und Schlachtküche genutzt wurde. Von dort gibt es einen Durchgang zu einem kleinen Kuhstall, über dem sich ein Heuboden befindet. Der Keller ist sehr niedrig und feucht, in der Mitte gibt es ein Lehmloch. Vor dem Haus ist ein gemauerter Platz, der als Misthaufen genutzt wurde, hinter dem Haus steht auf hölzernen Stelzen ein wackliger Hühnerstall, darunter ist unter einer Plane Brennholz gestapelt. Vor dem Haus hängt ein alter Briefkasten, der von den neuen Bewohnern rosa angemalt wird. Für die Lebensbedingungen der Auerhaus-WG ist weiterhin interessant, was es in diesem Haus alles nicht gibt: kein Telefon, kein Fernsehapparat, keine Warmwasserheizung. Wer telefonieren will, muss zur nahegelegenen Telefonzelle laufen, wer baden will, muss vorher Wasser am Herd heiß machen (vgl. K 74/A 107).

<small>Der Grundriss des Hauses und seine Umgebung</small>

3.7 Interpretationsansätze

Als Frieder, der IE, Vera und Cäcilia einziehen, verpassen sie den Zimmern einen farbenfrohen Anstrich. Die Wände werden orange gestrichen, nur Frieder entscheidet sich in seinem Zimmer für blau-weiß, um seiner Liebe zu Griechenland (Kreta) Ausdruck zu geben (vgl. K 39/A 55). Die Nachzügler Harry und Pauline richten sich in der Schlachtküche und im Heuboden ein.

Raum der Geborgenheit, Freiheit und Solidarität

Trotz dieser widrigen äußeren Bedingungen stellen die Bewohner fest, dass sie hier einen Raum der Geborgenheit, der Freiheit, der herrschaftsfreien Kommunikation, des Selbstbewusstseins und der Solidarität finden. Der IE denkt einmal in der Winterzeit in der angenehm warmen Küche: „die anderen gaben acht auf mich" (K 62/A 90). Und bei der Beerdigung stellt Frieders Vater fest: „Die Zeit im Auerhaus, das ist seine schönste Zeit gewesen" (K 157/A 231 f.).

Abruptes Ende der Idylle

Doch durch den Sturmangriff des Polizeikommandos (vgl. K 117 ff./A 172 ff.) wird die Idylle gewissermaßen entweiht, danach ist der Zauber des Ortes irgendwie verloren. Für den IE wird nun deutlich: „Wir hatten immer so getan, als ob das Leben im Auerhaus schon unser richtiges Leben wäre, also ewig" (K 146/A 214). Oder trifft zu – um mit dem Soziologen Theodor W. Adorno zu reden –, dass es kein richtiges Leben im falschen gibt? Beim letzten Besuch im Auerhaus wird auf einmal klar, dass das fensterlose Zimmer, der „Darkroom", früher das Kinderzimmer von Frieder war (vgl. K 159/A 234) – vielleicht ein Indiz dafür, was in dessen Sozialisation schiefgelaufen ist.

Idylle des Auerhauses vs. Realität anderer Orte

Der idyllische Charakter des Auerhauses wird noch deutlicher, wenn man andere Örtlichkeiten des Romans quasi als „Gegen-Orte" charakterisiert:

→ Das Zimmer, das Vera und der IE in West-Berlin als mögliche Mieter besichtigen. Es „war eine dunkelbraun verholzte Höhle"

3.7 Interpretationsansätze

(K 12/A 15); durch das Fenster sah man auf einen Stoppelrasen, „der war von der Sonne verbrannt" (K 12/A 15).
→ Das Haus der Mutter, dessen Zimmerdecken der Freund mit „hässlichen Brettern" (K 36/A 50) zunagelt.
→ Die Nervenklinik, symbolhaft „zwischen dem Schlachthof und dem Krematorium" (K 18/A 24) gelegen mit ihren vergitterten Fenstern.
→ Die Hühnerfarm, auf der der IE jobbt; sie wird als riesige Baracke zwischen den Dörfern mit Massentierhaltung beschrieben (K 23/A 31).
→ Die trostlose Fußgängerzone in der Stadt, um ein paar graue Betonklötze herum sieht man „hässliche Nachkriegsbauten und die hässlichen Schaufenster mit den hässlichen Sachen drin" (K 32/A 44).
→ Das Kreiswehrersatzamt, zu dem der IE zur Musterung erscheinen muss: „alles war braungrau" (K 103/A 151).
→ Das Klassenzimmer im Gymnasium, dort „stank es nach Angst" (K 114/A 167).
→ Unter einer Brücke findet der IE nur ein „dreckiges Sofa" (K 130/A 189).
→ Der Leichenschmaus findet im Wirtshaus „Zum Ochsen" statt, wo es Schweinebraten, Kartoffeln und braune (!) Soße gibt (vgl. K 154/A 227), das Gastzimmer ist mit dunklem Holz verschalt (vgl. K 154/A 228), an den Fenstern hängen braune (!) Gardinen.

Der Schülersuizid – Gründe für Frieders „Freitod"
Eine zentrale Problematik, die den gesamten Handlungsverlauf durchzieht, ist die Frage nach den Gründen für Frieders Selbstmord – oder in den Worten der Protagonisten, warum Frieder so eine Scheiße mache (K 22/A 28). Schon im Voraus kann festgestellt

Roman gibt keine schlüssige Antwort

3.7 Interpretationsansätze

DAS AUERHAUS ALS UTOPISCHER ORT DES RICHTIGEN LEBENS UND DIE „GEGENORTE"

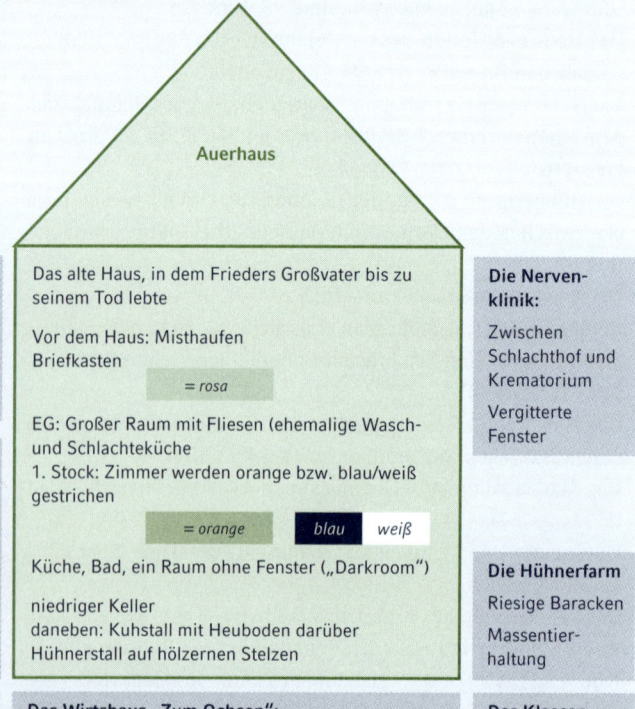

Das Haus der Mutter des Ich-Erzählers:

Mit hässlichen Brettern zugenagelt

Die Fußgängerzone in der Stadt:

„Hässliche Nachkriegsbauten ... hässliche Schaufenster mit den hässlichen Sachen drin"

Das Kreiswehrersatzamt in der Stadt:

„Alles war braungrau"

Auerhaus

Das alte Haus, in dem Frieders Großvater bis zu seinem Tod lebte

Vor dem Haus: Misthaufen
Briefkasten
= rosa

EG: Großer Raum mit Fliesen (ehemalige Wasch- und Schlachteküche)
1. Stock: Zimmer werden orange bzw. blau/weiß gestrichen
= orange   blau   weiß

Küche, Bad, ein Raum ohne Fenster („Darkroom")

niedriger Keller
daneben: Kuhstall mit Heuboden darüber
Hühnerstall auf hölzernen Stelzen

Das Wirtshaus „Zum Ochsen":

Schweinebraten, Kartoffeln und braune Soße

Mit dunklem Holz verschalt

Braune Gardinen

Die Nervenklinik:

Zwischen Schlachthof und Krematorium

Vergitterte Fenster

Die Hühnerfarm

Riesige Baracken

Massentierhaltung

Das Klassenzimmer:

Dort stinkt es nach Angst

3.7 Interpretationsansätze

werden, dass der Roman dazu keine schlüssige Antwort gibt – oder in den Worten des IEs: „Je mehr ich mit ihm darüber geredet hatte, desto blasser war die Frage geworden" (K 155/A 228).

Zunächst wird über die Suizid-Problematik auf einer Meta-Ebene geredet, bei der Besprechung von Goethes *Die Leiden des jungen Werther* im Deutschunterricht. Schon hier formuliert der IE seine weitgehende Ratlosigkeit: „Manche Leute brachten sich um ... Aber warum? Das wusste kein Mensch. Man konnte sie ja nicht mehr fragen ... Die, bei denen es nicht geklappt hatte, die konnte man noch fragen. Aber zählte das, was die sagten?" (K 16/A 21).

Als dann Frieders Selbstmordversuch in den Fokus rückt, bleibt der IE bei seiner Grundhaltung: „Ich traute mich nicht, Frieder nach dem Grund zu fragen" (K 21/A 27).

Somit sollen hier nur in Frageform Vermutungen gesammelt werden, die vielleicht in der Summe die Motive von Frieder ergeben:
→ War seine unterprivilegierte Herkunft aus einer Bauernfamilie ein Grund?
→ Besteht eine Mitschuld seiner Eltern, die ihn in einem fensterlosen Kinderzimmer („Darkroom") aufwachsen ließen?
→ War die Tatsache, dass er im Alter von 18 Jahren noch keine Freundin hatte, ein Grund?
→ Fehlt es Frieder in der süddeutschen Provinz an Weltläufigkeit, an Sonne und an Freiheit, was man aus seinem Sehnsuchtsort Kreta ableiten könnte?
→ Leidet er an Depressionen?
→ Findet er keinen Sinn in einem Leben, das nur aus „Birth, school, work, death" oder aus Heiraten und Kinderkriegen besteht?

Vermutungen zu Frieders Selbstmordmotiv

3.7 Interpretationsansätze

- → Träumt er von einer Art „Schwerelosigkeit", von einer Perspektive, die es ihm erlaubt, die Welt von oben zu sehen (vgl. K 46/A 65)?
- → Ist er ein brutaler Spieler, der das existenzielle Risiko sucht, der auch mit dem Leben spielt?
- → Träumt er von einem idealen Zustand, wo er „ganz da" ist, wo alles gut ist, wo er selbstbewusst ist (K 63/A 91), wo er ganz bei sich ist (vgl. K 63/A 92)?
- → Kann er die Rituale des bürgerlichen Lebens nicht mehr aushalten und bewegt sich deswegen bei seinen Aktionen fast immer im Bereich der Illegalität bis hin zu einer Sympathie für den politischen Terrorismus?
- → Erkennt er dabei das unauflösbare Spannungsverhältnis: „Er wollte anders sein. Er konnte nicht anders sein" (K 151/A 222)?
- → Scheitert er an einer gewagten Dialektik, wenn er den Suizid verharmlosend als „Freitod" (K 34/A 46) bezeichnet, wenn er argumentiert: „Ich wollte mich nicht umbringen. Ich wollte bloß nicht mehr leben" (K 46/A 65)?
- → Ist er letzten Endes unfähig zu sozialem Verhalten, weil er die anderen Menschen wie „hinter Glas" (K 127/A 185) wahrnimmt?

Nach seiner Beerdigung wird zumindest eine Tatsache unübersehbar: nur die Zeit im Auerhaus war für Frieder gut, da war er „ganz da" (K 157/A 232). Diese Form des solidarischen und selbstbestimmten Zusammenlebens hätte für ihn eine Chance bedeuten können, wenn die ganze Welt ein Auerhaus gewesen wäre.

Alfred Adler: Wozu leben wir?

Frieder ist während der Zeit zwischen seinem Selbstmordversuch und dem endgültigen Selbstmord durchaus in der Lage, seine

3.7 Interpretationsansätze

Situation zu reflektieren. Er liest Suizidanleitungen (möglicherweise Jean Amerys Bericht *Hand an sich legen. Diskurs über den Freitod*[16]) und beschäftigt sich mit Alfred Adlers Schrift aus dem Jahre 1931 *Wozu leben wir?* (Originaltitel: *What Life Should Mean To You*; ein Auszug daraus ist im Kapitel 5 Materialien in dieser Erläuterung wiedergegeben). Auf die Frage nach der Antwort, die Adler gibt, bleibt er oberflächlich: Man lebe nur „zum Heiraten und zum Kinderkriegen" (K 47/A 67). Dies ist allerdings nur eine sehr beschränkte Zusammenfassung von Alfred Adlers Ergebnissen. Dieser stellt sich in dem populärwissenschaftlichen Essay der Frage „Was können wir tun, damit unsere Kinder und Mitmenschen den Sinn des Lebens nicht verfehlen, und wie können wir ihnen, wenn sie ihn schon verfehlt haben, dazu verhelfen, zu ihm zurückzufinden?"[17].

Adler spricht von drei Hauptpflichten, denen sich jeder Mensch stellen muss, wenn er ein sinnvolles Leben führen will:

> Drei Hauptpflichten für ein sinnvolles Leben

1. „müssen wir uns so entwickeln, dass wir unser persönliches Leben auf der Erde fortsetzen und die Zukunft der Menschheit sicherstellen können"[18].
2. müssen wir „die Zusammenarbeit mit unseren Mitmenschen"[19] pflegen, denn „die wichtigste Vorbedingung für sein persönliches Wohl und das Wohl der Menschheit ist die Gesellschaft"[20].
3. bindet uns die Tatsache, dass es zwei Geschlechter gibt, die für die „Erhaltung des Lebens"[21] verantwortlich sind.

---

16 Klett Verlag, Stuttgart 1976
17 Adler, S. 7
18 Ebd., S. 14
19 Ebd., S. 15
20 Ebd.
21 Ebd.

3.7 Interpretationsansätze

Drei Problem-stellungen

Aus diesen drei von Adler gesetzten Pflichten ergeben sich drei Problemstellungen:
1. „Wie finde ich eine Beschäftigung, die mich befähigt, unter den naturgegebenen Beschränkungen auf dieser Erde zu überleben?"[22]
2. „Wie finde ich eine Stellung unter meinen Mitmenschen, so dass ich mit ihnen zusammenarbeiten und die Wohltaten der Gemeinschaft genießen kann?"[23]
3. „Wie trage ich der Tatsache Rechnung, dass der Mensch in zwei Geschlechtern lebt und dass die Zukunft und Fortdauer des Menschengeschlechts von unserem Liebesleben abhängt?"[24]

Ein nur privater Lebenssinn ist für Adler „überhaupt kein Sinn"[25], der wahre Lebenssinn besteht in der „Leistung für andere"[26].

Adler verweist auf drei Kindheits-Situationen, die möglicherweise zu einer schwer fehlerhaften Sinngebung führen können: zum einen „Kinder mit minderwertigen Organen"[27] – dies revidiert er allerdings umgehend, da nach seiner Meinung „viele sehr berühmte Menschen, Menschen, die für unsere Kultur große Leistungen vollbrachten ... mit minderwertigen Organen (begannen)"[28] –, zum anderen verwöhnte Kinder, schließlich vernachlässigte Kinder. Alle diese drei genannten Defizite treffen auf Frieder nicht zu.

---

22 Ebd., S. 16
23 Ebd.
24 Ebd.
25 Ebd., S. 17
26 Ebd., S. 18
27 Ebd., S. 21
28 Ebd., S. 22

3.7 Interpretationsansätze

Für sein Sinn-Problem sieht Adler als einzige erfolgversprechende Behandlung „die Einübung in ein gemeinschaftsbewussteres und mutigeres Leben"[29] – also die Gemeinschaft im Auerhaus!

Mit vergleichsweise harten Worten lehnt Adler den Selbstmord als Ausweg ab und bezeichnet ihn als entschiedensten „Ausdruck des Rückzugs vor den Schwierigkeiten"[30]:

Ablehnung des Selbstmords als Ausweg

„Hier drückt der Mensch angesichts der Lebensschwierigkeiten seine Überzeugung aus, dass er nichts tun kann, um seine Lage zu verbessern. Das Überlegenheitsstreben im Selbstmord kann man nur erkennen, wenn man sich klar macht, dass Selbstmord immer ein Vorwurf oder eine Rachehandlung ist"[31].

Auch die Verantwortung der Schule für Selbstmorde von Jugendlichen wird von Adler thematisiert. Er behauptet:

„Wenn der Lehrer einem Kind schlechte Noten gibt, glaubt er dadurch zu größerem Fleiß anzustacheln. Wird das Kind aber zu Hause streng erzogen, so hat es Angst, das Zeugnis mit heimzunehmen. Es geht vielleicht überhaupt nicht nach Hause oder es fälscht die Noten. Sogar Selbstmorde haben Kinder unter solchen Umständen schon begangen"[32].

Dieser Gedanke führt uns zu aufschlussreichen literarischen Vergleichen. Mirja Piltz schreibt in ihrer Dissertation *Der Suizid in der deutschsprachigen Erzählliteratur, dargestellt in ausgewählten Wer-*

---
29 Ebd., S. 28
30 Ebd., S. 51
31 Ebd.
32 Ebd., S. 134

3.7 Interpretationsansätze

ken des 19. und 20. Jahrhunderts* über die Schulsituation der Wilhelminischen Zeit:

Vergleiche von Schülerselbstmorden in der Literatur

„Essenziell für die Väter respektive Eltern war also nicht der Lernprozess als solcher oder dass ihre Kinder anhand der unterschiedlichen Lernstoffe eine eigene Persönlichkeit mit individuellen Interessen entwickelten, sondern dass ihre Nachkommen die von der Schule vorgegebenen Anforderungen mit einem bestmöglichen Ergebnis erfüllten und damit das Klassenziel erreichten. Dementsprechend wurde schulisches Versagen mit Maßregelung und Liebesentzug bestraft ... Hielten die Schüler diesem Leistungsdruck nicht stand, flüchteten sie sich oftmals in den Suizid um weiteren Versagensängsten und Pönalisierungen zu entgehen ... Der Suizid ... konnte somit nicht nur als Flucht, sondern auch als gesellschaftskritische Reaktion auf das überholte Bildungssystem verstanden werden.
Aufgrund der zunehmenden Schülersuizide zu dieser Zeit griffen die Literaten diese gesellschaftliche Thematik auf und begannen gegen Ende des 19. Jahrhunderts, sich mit der Institution Schule und der Reformpädagogik zu beschäftigen und den Themenkomplex ‚Schule und Suizid' in ihre Werke mit einzubeziehen ..."[33].

Sechs Beispiele von Schülerselbstmorden in der Literatur

Im Folgenden werden sechs Beispiele für Schülerselbstmorde in der Literatur des 19., 20. und 21. Jahrhunderts kurz vorgestellt:

Frank Wedekind, *Frühlings Erwachen. Eine Kindertragödie* (1891)
Moritz Stiefel, ein ca. 15-jähriger Schüler, bringt sich um, weil er das Vorrücken in die nächsthöhere Klassenstufe nicht schafft („Wäre ich

---

33 Piltz, S. 144 f.

3.7 Interpretationsansätze

nicht promoviert worden, hätte ich mich erschossen"[34].) und weil er die Pubertät als katastrophale Veränderung seines Seins empfindet („kann ich heute kaum mehr mit irgendeinem Mädchen sprechen, ohne etwas Verabscheuungswürdiges dabei zu denken"[35].).

Emil Strauß, *Freund Hein* (Roman, 1902)
Heinrich Lindner bringt sich im Alter von 18 Jahren um, weil er realisiert, dass er dem Leistungsdruck der Schule, insbesondere im Fach Mathematik, nicht mehr gewachsen ist. Er geht mit seinem geliebten Musikinstrument, einer Okarina, in den Wald und erschießt sich.

Hermann Hesse, *Unterm Rad* (Roman, 1906)
Hans Giebenrath darf als besonders begabter Schüler auf das Seminar Maulbronn. Der pausenlose Lerndrill und die Freundschaft zu dem Mitschüler Hermann Heilner führen jedoch zu einer schweren seelischen und körperlichen Krise. Er muss die Schule wieder verlassen und eine Mechaniker-Lehre antreten. Nach einem feuchtfröhlichen Sonntag, den er mit anderen Lehrlingen verbringt, wird er tot in einem kleinen Fluss aufgefunden.

Friedrich Torberg, *Der Schüler Gerber* (Roman, 1930)
Kurt Gerber bringt sich um, weil er davon ausgeht, dass er die Abiturprüfung bei dem herrschsüchtigen und sadistischen Mathematik-Professor Kupfer nicht geschafft hat. Am nächsten Tag steht in der Zeitung:

---

34 Wedekind, S. 18
35 Ebd., S. 11

3.7 Interpretationsansätze

„Wieder ein Schülerselbstmord. Bei dem gestern am Staatsrealgymnasium XVI abgehaltenen Abiturientenexamen beging einer der Kandidaten, der neunzehnjährige Oktavaner Kurt Gerber, dadurch Selbstmord, dass er sich knapp vor Bekanntgabe des Prüfungsergebnisses aus dem im dritten Stockwerk gelegenen Klassenzimmer auf die Straße stürzte. Er blieb mit zerschmetterten Gliedern liegen und war sofort tot. – Eine besondere Tragik liegt darin, dass Gerber, der zweifellos aus Furcht vor dem ‚Durchfall' in den Tod ging, von der Prüfungskommission für ‚reif' erklärt worden war."[36]

Kai Hensel, *Klamms Krieg* (Monodrama, 2000)
Der Schüler Sascha begeht Selbstmord, weil er von dem Deutschlehrer Klamm in der mündlichen Prüfung einen Punkt zu wenig erhalten hat und deswegen durch die Abiturprüfung gefallen ist. Die Schüler des folgenden Jahrgangs beschließen daraufhin einen Boykott gegen den Lehrer.

Martin R. Dean, *Falsches Quartett* (Roman, 2014)
Die Schülerin Nadia Breitenmoser wirft sich am frühen Morgen vor den Regionalzug, weil sie die Gefühle, die sie zu ihrem Deutschlehrer Lucas Brenner hegt, nicht mehr unter Kontrolle bringen kann.

Der Roman als „Mixtape"
Auf der vom Blumenbar Verlag eigens für den Roman eingerichteten Website www.auerhaus.de findet man ein Zitat des Schauspielers Robert Stadlober, der übrigens auch die Hörbuch-Version eingelesen und eine eigene Cover-Version des Lieds „Our House" (zusammen mit Andreas Spechtl) performed hat: „Gelegentlich, sehr

---

36 Torberg, S. 292

3.7 Interpretationsansätze

selten, gibt es Bücher, die sind wie Songs. Man möchte das Auge, ähnlich wie man die Nadel bei Singles wieder auf den Anfang der Rille setzt, sofort wieder auf den Beginn der ersten Seite setzen. Und *Auerhaus* ist genau so ein Buch."[37]

Diese musikalische Assoziation benutzt auch der Schriftsteller Clemens Meyer – dessen Roman *Als wir träumten*[38] die Geschichte von Leipziger Jugendlichen in der Nachwendezeit erzählt –, wenn er urteilt: „Das hat einen guten Sound, das hat Kraft. Und plötzlich bin ich wieder 17, 18 wie die Romanhelden, Wildheit der Jugend, will mit ihnen aufbrechen, ausbrechen, lieben, Unsinn machen."[39]

Schließlich gibt es auf der Website eine Playlist mit 51 Songs zum Buch, die man abspielen kann, wenn man einen gebührenpflichtigen Streaming-Dienst abonniert hat. Diese Playlist enthält u. a. den Song „Our House" in der Originalversion von *Madness* und in der Version von Robert Stadlober, „Birth, school, work, death" von *The Godfathers*, „Que sera, sera" von Doris Day, „The Final Countdown" von *Europe*, dazu die Titel „O Superman", „Language Is A Virus" und „Difficult Listening Hour (Live)" von Laurie Anderson.

Es ist also unüberseh-, oder besser: unüberhörbar, dass der Roman mit Elementen der Musik spielt und diese an bestimmten Stellen gezielt einsetzt. Im Folgenden soll nun überprüft werden, inwieweit die Musik auch einen inhaltlichen Zusammenhang mit der Handlung und der Grundproblematik des Romans aufweist.

Roman spielt mit Elementen der Musik

Der „Titelsong" „Our House" – von dem Bauern Seidel als „Auerhaus" missverstanden – wurde von der englischen Gruppe *Madness* im Jahr 1982 auf ihrem Album „The Rise & Fall" veröffentlicht. (Der Liedtext ist im Kapitel 5 Materialien in dieser Erläuterung wie-

„Our House"

---

37 www.auerhaus.de (Stand März 2017)
38 Frankfurt am Main: Fischer Taschenbuch Verlag 2010
39 www.auerhaus.de (Stand März 2017)

3.7 Interpretationsansätze

dergegeben.) Der Song erreichte die Top Ten der englischen und US-amerikanischen Hitparade. In einem Interview zur Entstehung des Romantitels befragt, antwortet Bjerg:

> „Ich hatte den Titel [„Our House"] und seinen Drive sehr im Ohr, mag den Song und auch Madness. Es hat sich dann beim Schreiben ergeben, dass daraus der Titel wurde. Den Songtext hab ich dann erst wiederentdeckt, als Robert Stadlober und Andreas Spechtl den Song gecovert haben für das Buch. ... Und da hab ich das erste Mal wieder auf den Text gehört."[40]

Der Text erzählt die Geschichte einer englischen Arbeiterfamilie, die ein typisches Leben der unteren Mittelschicht führt. Insofern entsteht hier im Gegensatz zum Roman ein eher freundliches Bild des bürgerlichen Familienlebens, das aber möglicherweise auf eine bessere Vergangenheit verweist, denn im vorletzten Vers heißt es, dass dies eine Erinnerung an Zeit ist, wo noch alles wahr und gut war, wo man als Kind noch unbeschwert und ohne Rücksicht auf zeitlichen Druck spielen und seinen Träumen nachhängen konnte.

Mit demselben Titel gibt es übrigens auch einen Song der Gruppe *Crosby, Stills, Nash & Young*, der 1970 auf dem Album „Déjà Vu" veröffentlicht wurde. Hier entwirft der Komponist Graham Nash eine Idylle der Zweisamkeit mit seiner damaligen Freundin Joni Mitchell.

„Birth, School, Work, Death"

Eine sehr kritische und fast schon resignative Einstellung zum Leben offenbart der Song „Birth, School, Work, Death", den die Gruppe *The Godfathers* 1988 auf ihrem gleichnamigen Album veröffentlichten. (Der Liedtext ist im Kapitel 5 Materialien in die-

---

40 Interview im Deutschlandfunk: http://www.deutschlandfunk.de/autor-bov-bjerg-warum-jemand-versucht-sich-das-leben-zu.1202.de.html?dram:article_id=346229 (Stand März 2017)

3.7 Interpretationsansätze

ser Erläuterung wiedergegeben.) Die Aufzählung von negativen Erlebnissen (u. a. auch Rauschgift) mündet in eine deprimierende Schlusszeile, in der es heißt: „I'll live and die, don't ask me why / I wanna go to paradise / And I don't need your sympathy / There's nothing in this world for me". Hier lassen sich deutliche Parallelen zur Einstellung von Frieder W. finden.

Die Traumsequenz des IEs an einem warmen Abend im Auerhaus lässt plötzlich Doris Day auftreten, die dann den Song „Whatever will be, will be" singt (vgl. K 62/A 90). Dieses eher schlagerhafte Lied wurde 1956 unter dem spanischen Titel „Que sera, sera" veröffentlicht. Bei aller Klischeehaftigkeit enthält der Text (von Ray Evans und Jay Evans) dennoch deutliche Bezüge zum Romangeschehen. Denn auf die dreifache Frage nach der erwünschten glücklichen und schönen Zukunft kommt jeweils die Antwort, dass dies nicht in unserer Hand ist („The future's not ours to see").

„Whatever will be, will be"

Bei der Silvesterparty im Auerhaus wird der Song „The Final Countdown" von der Gruppe *Europe* gespielt, der 1986 veröffentlicht wurde. Für den IE ist dieser Titel ein Hinweis auf das Ende der Auerhaus-Gemeinschaft. Im originalen Songtext geht es allerdings um eine Raumfahrt zur Venus, deren Start unmittelbar bevorsteht.

„The Final Countdown"

Bei dem Leichenschmaus nach der Beerdigung von Frieder erzählt Harry, dass er jetzt Klamotten produziere, „mit denen man Musik machen kann" (K 156/A 229). Er orientiert sich dabei an der US-amerikanischen Avantgarde-Künstlerin Laurie Anderson (geb. 1947). Die Berliner Kunststudentin Esther Zahn hat 2013 einen sogenannten Sound Dress entwickelt, bei dem Berührungs-Sensoren eingebaut sind, die Sounds oder Beats ertönen lassen[41].

---

41 Vgl. die Website von Esther Zahn: http://cargocollective.com/estherzahn/hightech-and-fashion (Stand März 2017).

3.7 Interpretationsansätze

Den letzten musikalischen Akzent in dem Roman setzt eine Kompaktkassette, die von Cäcilia aus den USA an den IE geschickt wird. Darauf finden sich Aufnahmen eigener Geigenmusik, die den IE jedoch wenig beeindrucken können, denn „der Sound war ziemlich schlecht" und „das Musikstück war ziemlich traurig" (K 159/A 235).

Die Intertextualität im Roman

Definition Intertextualität

„Intertextualität (liegt) dann vor, wenn ein Autor bei der Abfassung seines Textes sich nicht nur der Verwendung anderer Texte bewusst ist, sondern auch vom Rezipienten erwartet, dass er diese Beziehung zwischen seinem Text und anderen Texten als vom Autor intendiert und als wichtig für das Verständnis seines Textes erkennt. Intertextualität in diesem engeren Sinn setzt also das Gelingen eines Kommunikationsprozesses voraus, bei dem nicht nur Autor und Leser sich der Intertextualität eines Textes bewusst sind, sondern bei der jeder Partner des Kommunikationsvorganges darüber hinaus auch das Intertextualitätsbewusstsein seines Partners mit einkalkuliert."[42]

Goethes *Die Leiden des jungen Werther*

Im vorliegenden Roman wird die Intertextualität dadurch hergestellt, dass die beiden Hauptpersonen, der IE und Frieder, eben auch Leser sind; zum Teil freiwillige Leser, zum Teil bedingt durch den Deutschunterricht in der Abschlussklasse des Gymnasiums. Dort findet sich auch der naheliegende Bezug zur Roman-Handlung, da die Schüler Goethes Briefroman *Die Leiden des jungen Werther* als Klassenlektüre verordnet bekommen haben. Die zentrale Frage nach den Beweggründen für Werthers Selbstmord korrespondiert mit dem vor kurzem stattgefundenen Selbstmordversuch Frieders.

---

[42] Broich/Pfister, S. 35

3.7 Interpretationsansätze

Dessen Motive sind aber im Wesentlichen andere als bei Werther. Eine engere Beziehung zu Goethes *Werther* hat Ulrich Plenzdorf in seinem Roman *Die neuen Leiden des jungen W.* (1972) konstruiert. Hier liest der junge Lehrling Edgar Wibeau in einem zerfledderten Reclam-Heft, ohne zu wissen, dass es sich um den Goethe-Text handelt. Dabei stellt er fest, dass die Beziehungsprobleme von Werther große Ähnlichkeiten zu seinen eigenen haben.

Im Zusammenhang mit der Aufarbeitung seines ersten Selbstmordversuches beschäftigt sich Frieder unter anderem mit der psychoanalytischen Schrift *Wozu leben wir?* von Alfred Adler. (Ein Auszug daraus ist im Kapitel 5 Materialien in dieser Erläuterung wiedergegeben.) Seine zunächst noch recht oberflächliche Antwort auf die Titelfrage lautet: „Zum Heiraten und zum Kinderkriegen" (K 47/A 67) – beides Ziele, die für Frieder nicht in Sicht sind. Von Frieder wird auch im Verlaufe des Romans eine ziemlich vulgäre und wenig differenzierte Aussage über die Funktion von Literatur kolportiert: „Literatur, das ist das Klopapier, mit dem sich jedes Arschloch putzt" (K 48/A 68).

> Adlers *Wozu leben wir?*

Ein insgesamt positiveres Verhältnis zur Literatur hat der IE. In einer geträumten Zukunftsvision sieht er sich als Hausmann und „eifriger Leser" (K 139/A 205) von Sachbüchern. In einer anderen fiktiven Vorausschau befürchtet er, bald im Gefängnis zu landen, weil er ja vorhat, seiner Einziehung zur Bundeswehr nicht zu folgen. Beim Thema Gefängnis stellt sich ihm aber vor allem die Frage: „Was für Bücher gab es in einer Knastbibliothek?" (K 106/A 156) Seine Vermutung geht in Richtung Kafka, Dostojewski und Bibel. Hierbei handelt sich aber nur um lose Verknüpfungen der Werktitel mit dem Aufenthaltsort Gefängnis (*Der Prozess*, *Schuld und Sühne*, *Der Idiot*).

> Kafka, Dostojewski, Bibel

Schließlich muss sich der IE beim schriftlichen Deutsch-Abitur mit einem Sachtext auseinandersetzen, der die Funktion von Litera-

3.7 Interpretationsansätze

Wellershoffs *Literatur und Veränderung*

tur als Simulation der Wirklichkeit definiert. Es handelt sich dabei – ohne dass dies im Roman verraten wird – um einen Auszug aus der Schrift *Literatur und Veränderung. Versuche zu einer Metakritik der Literatur* von Dieter Wellershoff[43], der tatsächlich schon als Abituraufgabe in Baden-Württemberg (2007) verwendet worden war. Die Methodik des IEs, diesen Text zu verstehen und dann zu erörtern, ist allerdings recht ungewöhnlich: erst zählt er die Wörter, errechnet den Anteil der Fremdwörter, zählt die Satzzeichen und liest die Erläuterungen zu den Fremdwörtern. „Ich hörte auf zu lesen und schrieb drauflos" (K 115/A 169). Somit verfolgt der IE seine vorher geäußerte Prüfungsstrategie: „ich hoffte, dass ich für den schlauen Text schlau genug sein würde" und „verließ mich einfach aufs Labern" (K 109/A 160). Bei genauer Analyse des Textauszugs von Wellershoff (siehe Aufgabe 3 im Kapitel 6 Prüfungsaufgaben dieser Erläuterung) erweist sich allerdings, dass seine Thesen einen sehr direkten Bezug zur Situation der Jugendlichen im Auerhaus haben, dass sie dort ein „Spielfeld für ein fiktives Handeln" finden, „ohne um den Preis von Leben oder Tod schon zum Erfolg genötigt zu sein". Was Wellershoff von der Literatur sagt, gilt weitgehend auch für das „richtige" Leben im Auerhaus: die WG eröffnet den Jugendlichen „neue Erfahrungsmöglichkeiten", sie können „die Enge und Abstraktheit der Routine durchbrechen" und „gegenüber der etablierten Lebenspraxis ... die unausgeschriebenen und verdrängten Möglichkeiten des Menschen" erproben. Dass sie dabei nur „fiktive Risiken" eingehen, ist im Falle von Frieder allerdings nicht zutreffend. Bei einigen seiner Aktionen spielt er real mit seinen Leben.

---

43 Köln und Berlin: Kiepenheuer & Witsch, 1969

3.7 Interpretationsansätze

Um ein Leben reden: Formen der Kommunikation im Roman

Der Roman besteht trotz mancher Reflexionen des IEs über weite Passagen aus wörtlichen Reden, meist in Form von Dialogen. Deshalb haben einige Interpreten darin schon eine Vorlage für eine folgende Bühnenfassung oder Verfilmung gesehen. Im Mittelpunkt steht natürlich die Kommunikation zwischen dem IE und Frieder, die einerseits durch Hemmnisse und Schwierigkeiten geprägt ist, auf der anderen Seite aber das direkte Miteinander-Reden als eine (wenn nicht gar: die) Form der Lebenshilfe vorführt. Am Anfang in der Nervenheilanstalt tut sich der IE noch schwer, einen sinnvollen Gesprächsfaden zu knüpfen. Er flüchtet sich in die Formel „Wie geht's?" (K 20/A 27) und bekennt dann „Ich wusste nicht, was ich sagen sollte" (K 21/A 27). Als Beispiel für wenigstens im Ansatz gelingende Dialoge stehen die Seiten K 63–65/A 91–95, wo beide die Oberfläche der Alltags-Kommunikation verlassen und zu existenziellen Fragen vorstoßen. Dabei werden auch die Zukunftspläne berührt, und als Frieder von seinem Traumberuf Fahrradmechaniker erzählt, glaubt der IE „in diesem Moment sei uns der Sinn des Lebens offenbart worden" (K 66/A 95). Ähnliches gilt für die Gespräche zwischen Frieder und dem IE in West-Berlin, die sich aus einem Grund sehr lange hinziehen: „wir redeten ..., bis wir müde waren ... wir redeten um sein Leben" (K 151/A 222). Schon vorher – nach dem Einzug ins Auerhaus – war dem IE bewusst geworden: „wir lebten ein richtiges Leben ... mit ziemlich viel Reden ... und das ganze Reden bedeutete: Aufpassen auf einen von uns" (K 43/A 61). Nach Frieders schwer erklärlicher Revolver-Aktion erleidet die Kommunikation im Auerhaus allerdings einen Einbruch: „Auf einmal war jeder für sich allein" (K 128/A 186).

Kommunikation zwischen dem IE und Frieder

Die Gespräche zwischen dem IE und seiner Freundin Vera leiden darunter, dass beide ihr Verhältnis nicht klar definieren können. Auf die eher beiläufige Frage des IEs „Willst du mal Kinder?" antwortet

Kommunikation zwischen dem IE und Vera

3.7 Interpretationsansätze

Vera recht barsch: „Du spinnst" (K 13/A 17). Dieses partielle Aneinander-Vorbeireden wird durch die Silvesternacht, in der Vera mit Harry ins Bett steigt, noch weiter befördert. Der enttäuschte IE antwortet auf Veras Vermutung „Ich dachte immer, du willst nicht mit mir schlafen": „Ich wollte immer. Du wolltest nicht" (K 94/A 138) – ein klassischer Fall von gegenseitiger Fehlwahrnehmung. Veras gewagte Metapher von der Liebe als Gegensatz zum Kuchen, die nicht weniger wird, je mehr Leute was davon abbekommen, ist für den IE nicht nachvollziehbar, denn wenn Vera die Tür hinter sich abschließt und die Nacht mit Harry verbringt, dann wird der Kuchen nicht bloß weniger, „so ein Kuchen war ja quasi gar nicht mehr da" (K 86/A 126). In entspannten oder auch besonders brenzligen Situationen gleiten die Dialoge manchmal ins Ironische oder Absurde ab. Gegenüber einer potentiellen Vermieterin in West-Berlin fabuliert Vera von einem Studienplatz in Moskau: „Philosophie, Marxismus-Leninismus und so weiter" (K 12/A 16).

In der glücklichen Phase im Auerhaus wird auch mal über Ameisenstraßen neben der Autobahn nach Süden gescherzt. Als es für den IE bei der mündlichen Abiturprüfung um alles geht, flüchtet er aus Unwissen in skurrile Wortverwechslungen, erzählt statt über Lombard etwas über die Lombardei, statt Diskont etwas über Discount-Läden.

Beispiel für nonverbale Kommunikation

Zwei Beispiele für nonverbale Kommunikation finden sich in dem Roman. Der IE drückt seinen Zorn gegenüber dem Freund seiner Mutter nicht direkt aus, sondern pinselt auf die Wohnzimmerwand „Arschloch dumm wie 1m Feldweg" (K 10/A 13), was er dann sogleich schamhaft übertapeziert. Schließlich werden nach der Beerdigung die Zettel aus der Küche erwähnt, „die alle möglichen Besucher geschrieben hatten" (K 152/A 223) und die der IE in einem Ordner gesammelt hatte. Dies ist der Verweis auf ein zeittypisches Kommunikationsmittel der frühen 80er Jahre, als es

3.7 Interpretationsansätze

noch keine Smartphones mit WhatsApp-Programmen, keine sozialen Netzwerke wie Facebook im Internet, ja im Auerhaus nicht mal ein Telefon gab.

4. REZEPTIONSGESCHICHTE

ZUSAMMEN-FASSUNG

Nach dem Erscheinen des Romans *Auerhaus* gab es auffallend viele positive Rezensionen in großen Tages- und Wochenzeitungen sowie ein einhelliges Lob durch die Teilnehmer des Literarischen Quartetts im ZDF. Dies führte zu einem baldigen Aufstieg in die Bestsellerlisten. Mittlerweile haben auch andere Medien eine Bearbeitung des Romans aufgenommen: Im Düsseldorfer Schauspielhaus fand im Januar 2017 die Uraufführung einer Theaterfassung statt. Der Rundfunk Berlin-Brandenburg produzierte Ende des Jahres 2016 eine Hörspielfassung. Die große deutsche Produktionsfirma Constantin plant die Verfilmung des Romans für das Kino.

Ausgaben des Romans

Buch-Ausgaben, Hörbuch

Im Juli 2015 erschienen die Hardcover-Ausgabe von *Auerhaus* bei Blumenbar, die E-Book-Ausgabe bei Aufbau digital und das Hörbuch, komplett gelesen von Robert Stadlober bei Aufbau audio (282 Min., gekürzte Lesung).

Ebenso erschien die Audio-Aufnahme bei Audible als ungekürzte Lesung zum Download und Streaming. Bei Audible und Amazon stehen E-Book und Lesung für die besondere Art der Konsumption „Whispersync for voice" zur Verfügung, d. h. man liest das E-Book bis zu einer bestimmten Stelle und kann dann, wenn man beide Ausgaben erworben hat, an eben jener Stelle – bspw. im Auto – weiterhören und später wieder zur Lektüre an neuer Stelle wechseln.

Im Januar 2016 erschien die Buchgemeinschafts-Lizenzausgabe der Büchergilde Gutenberg, die inzwischen bereits nachgedruckt wurde. Im August 2016 brachte der Verlag Ernst Klett in der Reihe „Selbst(er)findungen" eine ungekürzte Taschenbuchausgabe für den Unterrichtseinsatz mit zusätzlichen erklärenden Fußnoten heraus.

Die Taschenbuch-Ausgabe ist im Frühjahr 2017 im Aufbau-Verlag erschienen.

Alle Ausgabe-Arten zusammengenommen liegt die Auflage deutlich über 140.000 (Stand März 2017), wobei das Buch natürlich den Löwenanteil hält.

Die Übersetzungsrechte sind im Moment (Stand März 2017) nach Holland, Italien, Süd-Korea verkauft, wobei eine Menge Verlage im Ausland den Roman noch prüfen.

Rezensionen

Auffallend ist, dass im Oktober und November 2015 in fast allen großen deutschsprachigen Tages- und Wochenzeitungen Rezensionen erschienen sind. Außergewöhnlich ist dabei zusätzlich die Tatsache, dass es fast nur sehr lobende Besprechungen gegeben hat. Exemplarisch sollen hier fünf Beispiele kurz vorgestellt werden.[44]

Beinahe ausschließlich positive Aufnahme

Schon bei dem Blick auf die Gesamturteile kommt eine positive Übereinstimmung zum Vorschein: Für David Hugendick ist *Auerhaus* „einer von den guten Romanen (über das Erwachsenwerden), wenn nicht sogar ein sehr guter", Alex Rühle sieht darin „eines der schönsten Bücher unserer Tage" und Tobias Becker spricht von einem „zauberschöne(n) All-Age-Buch".

Die Gründe für diese lobenden Bewertungen liegen zum einen in der Haltung, die Bjerg gegenüber seinen Hauptpersonen ein-

Ansprechende Erzählweise

---

[44] Quellenangaben zu den einzelnen Rezensionen im Kapitel „Literatur"; Rühles Rezension ist in Auszügen im Kapitel 5 Materialien in dieser Erläuterung wiedergegeben.

nimmt. David Hugendick spricht von „sympathischer Sentimentalität", Tobias Becker empfindet eine „warmherzige" Erzählweise, Peter Praschl erkennt eine „warme und empathische Prosa". Zum anderen wird festgestellt, dass Bjerg die Sprache der Jugendlichen sehr gut getroffen hat – „extrem lakonischer Stil" (Jan Wiele in der FAZ) –, ohne dabei in einen „verkrampft aufgekratzten Jargon" (Hugendick) zu verfallen: „es gibt kein Gepose, kein juveniles Prahlen, kein Schlaumeiertum", schreibt Peter Praschl.

Gelungenes Einfangen der Atmosphäre der frühen 1980er Jahre

Die Rezensenten sind sich auch darin einig, dass es Bjerg gelungen ist, die Atmosphäre der frühen 1980er Jahre in der deutschen Provinz zu treffen. Es handle sich um ein „großartiges Dokument dieser bedrückend windstillen Zeit, in der ganz Deutschland noch hinter der Mauer der Geschichte lebte" (Rühle), um „sehr treffende Erinnerungen an das Aufwachsen in der deutschen Provinz in den achtziger Jahren" (Wiele), ja man verspüre sogar „den miefigen Kohl-Geruch jener Jahre" (Rühle). Auch die Tatsache, dass der Roman auffallend kurz ist, wird gelobt: Bjerg beherrsche „die hohe Kunst der Verknappung" (Wiele), es sei ein „sehr ökonomisch erzähltes Buch" (Hugendick), ein verdichteter Text, der die „Essenz diese Jugendgefühls" (Rühle) transportiere und bei dem jedes Wort „an der richtigen Stelle" (Praschl) sitze. Beim Blick auf die Altersstruktur des zu erwartenden Lesepublikums kommt Tobias Becker zu der Erkenntnis, dies sei einerseits ein „Roman für Jugendliche", andererseits aber auch ein „Roman über die Jugend, der den erwachsenen Leser in den 17-Jährigen verwandelt, der er einmal war". Von den Rezensenten werden zweimal literarische Vergleiche bemüht: Wolfgang Herrndorfs Roman *Tschick* (2010) und Thees Uhlmanns Roman *Sophia, der Tod und ich* (2015).

Besprechung im Literarischen Quartett (ZDF)

Für den Erfolg des Buches war die Tatsache sehr wichtig, dass es für das Literarische Quartett des ZDF vom 11. 12. 2015 ausgewählt wurde. Die Teilnehmer der Sendung, die Journalisten Volker Weidermann und Christine Westermann, der Schriftsteller Maxim Biller sowie der als Gast eingeladene Daniel Cohn-Bendit waren sich in der positiven Bewertung des Romans ungewöhnlich einig. Maxim Biller lobte, dass der Roman ein schweres Thema leicht geschrieben und gut komponiert präsentiere, ja dass er auf dieses Buch seit Jahren gewartet habe. Alle Teilnehmer des Quartetts stimmten darin überein, dass es sich nicht um ein Jugendbuch handele, sondern dass gerade Erwachsene hiervon im Rückblick auf die eigene Jugend vergnügt und bewegt sein können. Volker Weidermann berichtete, dass das Buch fast alle „umgehauen" habe die es bislang gelesen haben.[45]

Ein Buch für Erwachsene, die auf ihre Jugend zurückblicken

Die Wirkung einer Besprechung im Literarischen Quartett für den Buchhandel ist nach wie vor enorm: Bücher, über die Marcel Reich-Ranicki mit Hellmuth Karasek und Sigrid Löffler in der ursprünglichen Sendung 1988–2001 gesprochen hatte, wurden Verkaufserfolge, das galt selbst für Reich-Ranickis legendäre Verrisse.[46]

Buchbesprechung wirkt sich auf Verkaufszahlen aus

„Belegt werden kann die Rückwirkung der Fernsehsendung auf den Büchermarkt mit einer exemplarischen Übersicht über Verkaufszahlen nach der Ausstrahlung einer Sendung, wobei es wohl weniger wichtig ist, ob ein Buch positiv oder negativ besprochen wird."[47] Umso mehr sollte man in diesem Zusammenhang der

---

45 Vgl. die Aufzeichnung der Sendung: http://www.zdf.de/ZDFmediathek/beitrag/video/2624172/Das-Literarische-Quartett-vom-11.12.2015 (Stand März 2017).
46 Vgl. das Gespräch mit Volker Weidemann: http://www.noz.de/deutschland-welt/medien/artikel/622343/literarisches-quartett-ii-kult-sendung-ist-nicht-das-ziel9 (Stand März 2017).
47 Vgl. den Artikel zur Fernsehgeschichte der Bundeszentrale für politische Bildung: http://www.bpb.de/system/files/dokument_pdf/PuF_KB_10_Das%20Literarische%20Quartett.pdf (Stand März 2017).

Frage nachgehen, wer eigentlich entscheidet, welche Bücher in der jeweiligen Sendung behandelt werden.

Der neue Gastgeber Volker Weidermann bemerkte, er wünsche sich eine Wirkung in dem Sinne, dass die Sendung einen Diskurs über die besprochenen Bücher eröffne: „Dass Literatur und Meinungen über Literatur wichtig waren, das war der schönste Erfolg des ‚Literarischen Quartetts'."[48]

Im Rahmen der Leipziger Buchmesse 2016 strahlte das ZDF am 18. 3. 2016 in der Reihe „Das blaue Sofa" ein Interview mit Bov Bjerg aus. Volker Weidermann befragte den Autor zu vielen Aspekten des Romans, z. B. zum autobiografischen Charakter, zur Entstehung des Romans, zur Rolle der Provinz und der Heimat und zu der Sprache des Ich-Erzählers.[49]

Auerhaus wird Spiegel-Bestseller

In der Spiegel-Bestsellerliste war der Roman am Anfang des Jahres 2016 beinahe acht Wochen steigend vertreten, die beste Platzierung war Platz 3.[50]

Dramatisierung und Theateraufführungen

Uraufführung des Theaterstücks im Januar 2017

Die Uraufführung einer dramatisierten Fassung des Romans war für Oktober 2016 im Deutschen Theater Berlin geplant. Wegen der Erkrankung der Regisseurin Daniela Löffner konnte dieser Termin aber nicht gehalten werden. Deshalb fand die Uraufführung am 7. Januar 2017 im Schauspielhaus Düsseldorf statt. Die Dramatisierung des Romantextes erledigte Robert Koall, Chefdramaturg am Düsseldorfer Schauspielhaus, der auch schon Wolfgang Herrndorfs

---

48 Vgl. das Gespräch mit Volker Weidemann: http://www.noz.de/deutschland-welt/medien/artikel/622343/literarisches-quartett-ii-kult-sendung-ist-nicht-das-ziel9 (Stand März 2017).
49 Vgl. die Aufzeichnung der Sendung: http://www.zdf.de/ZDFmediathek/beitrag/video/2661848/Bov-Bjerg-auf-dem-blauen-Sofa/beitrag/video/2661848/Bov-Bjerg-auf-dem-blauen-Sofa (Stand März 2017).
50 Vgl. die Platzierungen auf der Buchreport-Website: https://www.buchreport.de/bestseller/buch/isbn/9783351050238.htm/ (Stand März 2017).

Roman *Tschick* für das Theater umgeschrieben hatte. Bei *Auerhaus* kann man sich eine Adaption fürs Theater recht gut vorstellen, da der Roman von zahlreichen Dialogen durchsetzt ist. Der Journalist Gerhard Preußer beschreibt in seiner Theaterkritik die Methode: „verkürzen, Erzählertext auf Figuren verteilen und Dialoge herauspräparieren"[51]. Die Düsseldorfer Aufführung unter der Regie von Robert Gerloff dauerte ohne Pause zwei Stunden.

Die Kritik war – wie meist – gespalten: Gerhard Preußer attestierte, das Stück sei „schnörkellos und konzentriert gespielt"[52], Ulrike Kolter sprach von einer klugen Verdichtung mit „gut getimten Licht- und Musikwechseln, die die einzelnen Episoden aneinanderreihen"[53]. Marion Troja fand dagegen, dass die Bericht-Passagen, in denen die Darstellern quasi die Handlung weitererzählen, „der Aufführung die Kraft"[54] genommen hätten. Cornelia Fiedler äußerte ihre Enttäuschung darüber, dass im Theater „der Geschichte sowohl Leichtigkeit als auch Tiefgang flöten gehen"[55].

Gespaltene Kritik zur Adaption

Weitere Aufführungen haben seitdem in Wiesbaden (Hessisches Staatstheater), in Augsburg, in Hannover, Dresden und Darmstadt stattgefunden. Das Deutsche Theater Berlin (Kammerspiele) startete seine Produktion am 21. Mai 2017. Auch das Thalia Theater Hamburg wird Ende 2017 eine Inszenierung anbieten. Für 2018 sind Aufführungen an der Württembergischen Landesbühne Esslingen, in Würzburg und in Linz geplant.

---

51 Vgl. die Kritik auf dem Theaterportal: http://www.nachtkritik.de/index.php?option=com_content &view=article&id=13478:auerhaus-robert-gerloff-gelingt-in-duesseldorf-eine-schnoerkellose-urauffuehrung-von-bov-bjergs-unnostalgischem-erfolgsroman&catid=89&Itemid=100190 (Stand März 2017).
52 Ebd.
53 Vgl. die Kritik auf der Seite des Theatermagazins: www.die-deutsche-bühne.de/Kritiken/ Schauspiel/Bov+Bjerg/Auerhaus/Egal (Stand März 2017).
54 Westdeutsche Zeitung vom 9. 1. 2017, S. 14; im Internet unter: www.die-deutsche-bühne.de/ Kritiken/Schauspiel/Bov+Bjerg/Auerhaus/Egal (Stand März 2017)
55 Süddeutsche Zeitung vom 10. 1. 2016, S. 15

Die Rechte für eine Bühnenfassung liegen beim Verlag für Bühne, Film und Funk Felix Bloch Erben GmbH (Berlin).

Hörspiel

Der Rundfunk Berlin-Brandenburg (Kulturradio) produzierte von dem Roman eine Hörspielfassung (Länge 55 Minuten), die am 25. 12. 2016 gesendet wurde (Wiederholung am 3. 3. 2017).[56] Für die Textfassung und die Regie war Beate Andres verantwortlich. Die Audio-CD ist im Februar 2017 bei „Der Audio Verlag" erschienen.

Verfilmung

Am 22. April 2016 wurde gemeldet, dass Constantin Film *Auerhaus* von Bov Bjerg auf die große Leinwand bringt. Das Drehbuch soll unter Mitarbeit des Autors entstehen. Produzent ist Oliver Berben.[57]

Gunnar Cynybulk vom Aufbau-Verlag war darüber begeistert: „Wir freuen uns, dass die Constantin diesen großartigen Stoff auf die Leinwand bringt. Im Bereich der Literaturverfilmung gibt es kaum eine bessere Adresse. Oliver Berben hat uns mit seiner Verbindlichkeit und Leidenschaft überzeugt."[58]

Produzent Oliver Berben gab folgendes Statement: „*Auerhaus* ist ein umwerfendes Buch, das mich von der ersten Seite an begeistert hat. Die Geschichte über das Erwachsenwerden ist voller Humor und Herzenswärme. Die Charaktere einzigartig, wie die Sprache. Das ist perfekter Kinostoff."[59]

---

56 Vgl. die Mitteilung auf der Seite von Kulturradio: http://www.kulturradio.de/programm/schema/sendungen/kulturradio_am_nachmittag/archiv/20170303_1505/kultur_aktuell_1645.html (Stand März 2017).

57 Bei Redaktionsschluss (März 2017) war allerdings noch kein Termin für den Kinostart fixiert, auch Informationen über Regisseur und Besetzung waren nicht verfügbar.

58 Vgl. die Mitteilung auf der Seite der Filmproduktionsfirma: http://www.constantin-film.de/ueber-uns/meldungen/constantin-verfilmt-bestseller-auerhaus-22-04-2016/ (Stand März 2017).

59 Ebd.

Interview mit dem Autor

Am 1. Juni 2017 führte der Verfasser dieser Königs Erläuterung in Nürnberg ein Interview mit Bov Bjerg über seinen Erfolgsroman *Auerhaus* und die Folgen:

„Inwieweit sind Sie in die Folgeprojekte Ihres Romans ‚Auerhaus' involviert?

Am ersten Drehbuchentwurf des geplanten Kinofilms war ich beteiligt, im Moment ist allerdings unsicher, ob die Constantin das Projekt überhaupt realisieren wird. Bei den Dramatisierungen war ich nie beteiligt, weil jedes Theater seine eigene Fassung schreibt. Insofern war ich jedes Mal gespannt, was dabei herausgekommen ist. Die Uraufführung in Düsseldorf hat mich sehr berührt, hat mir total gut gefallen unter anderem auch deswegen, weil sich der Song ‚Our House' in allen möglichen Varianten durch das Stück zieht, z. B. auch als Weihnachtslied interpretiert wird. Die Berliner Inszenierung (Deutsches Theater) erscheint mir wesentlich abstrakter und assoziativer, was allerdings dazu führen kann, dass man dem Handlungsablauf schwerer folgen kann. Ich bin bei solchen Bearbeitungen (auch bei der Hörspielfassung des RBB) recht offen; wenn da nicht jemand Schindluder mit dem Text treibt, bin ich von jeder Beschäftigung mit meinem Text geschmeichelt.

> „Ich bin von jeder Beschäftigung mit meinem Text geschmeichelt."

Wie erklären Sie sich rückblickend den großen Erfolg des Romans ‚Auerhaus'?

Es ging in Etappen voran: der Verlag hat Vorab-Leseexemplare an Kritiker und Buchhändler geschickt, letztere waren durchgehend von dem Buch sehr angetan, noch bevor es offiziell erschienen ist, und bestellten bereits größere Mengen für ihre Läden. Dann kam eine Fülle von durchweg positiven Rezensionen, etwas später erfolgte die Besprechung im Literarischen Quartett des ZDF. So kam eins zum anderen, und ein bisschen Glück war wohl auch dabei.

Wie würden Sie einem Leser die stilistische Kehrtwende zwischen Ihrem Erstling ‚Deadline' und dem Roman ‚Auerhaus' erklären?
Deadline habe ich geschrieben, weil ich sauer war auf einen Literaturbetrieb, der gehobene Unterhaltungsliteratur einseitig begünstigt und Literatur, die sich etwas mehr traut, links liegen lässt, weil man glaubt, dies könne man dem Leser nicht zumuten. Die experimentelle und etwas sperrige Sprache von *Deadline* hat sich schlichtweg auch aus dem Stoff entwickelt, denn die Erzählerfigur ist eine Übersetzerin, die ständig sprachliche Alternativen erwägen muss. Die gedruckte Auflage von Deadline war 750 Stück, davon sind 224 verkauft worden, der Rest ist bei einem Lagerbrand zerstört worden.

Was darf man von Bov Bjerg nach ‚Auerhaus' erwarten?
Der Verlag hätte natürlich so bald wie möglich einen neuen Roman, aber ich brauche dafür so lange, wie ich dafür brauche. Ich habe eine ungefähre Idee und habe auch angefangen zu schreiben. Im Moment bin ich dabei herauszukriegen, wohin das Ganze gehen soll, d. h. es bilden sich die Klumpen, aus denen der neue Roman entstehen wird.

Wie ist die Zusammenarbeit mit Robert Stadlober zustande gekommen?
Ich wollte für das Hörbuch *Auerhaus* eine prominente Stimme gewinnen und da ist mir Robert Stadlober eingefallen, den ich nicht nur als Schauspieler, sondern auch als politischen Menschen schätze. Ich habe ihn dann einfach dreist nach einer Theatervorstellung an-

gehauen; er hat sehr schnell zugesagt und auch eine sehr relaxte Cover-Version von ‚Our House' produziert.

Was ist für Sie der Unterschied zwischen einer abendlichen öffentlichen Lesung etwa in einer Buchhandlung und einer Lesung vor Schülern?
Es kommt zunächst darauf an, ob die Schüler das Buch schon kennen oder nicht. Es entwickeln sich mit 17- oder 18-Jährigen in jedem Fall interessante Diskussionen und Gespräche, über die ich sehr glücklich bin. Ich stelle erfreut fest, dass Leute, die gut 30 Jahre jünger sind als ich, mit dem Roman etwas anfangen können, unabhängig von der Zeit, in der das Geschehen spielt.

Eine typische Schülerfrage könnte sein: Wie stark sind die Parallelen zwischen dem Ich-Erzähler Höppner und dem Autor Bov Bjerg?
Die Frage wird eigentlich immer gestellt, manchmal gebe ich darauf Antworten, manchmal nicht.

Und wie kommt man eigentlich auf das Autoren-Pseudonym Bov Bjerg?
Darauf gebe ich grundsätzlich keine Antwort!"

5. MATERIALIEN

Die Songs im Roman

In dem Roman spielen zwei Songs eine große Rolle (vgl. dazu auch Kapitel 3.7: Der Roman als „Mixtape"). „Our House" von der Gruppe *Madness* gibt dem Ganzen praktisch den Titel („Auerhaus") und „Birth, School, Work, Death" von der Gruppe *The Godfathers* drückt teilweise das Lebensgefühl der Hauptpersonen aus:

Madness: Our House (Chris Foreman / Cathal Smyth) veröffentlicht 1982

„Father wears his Sunday best / Mother's tired she needs a rest / The kids are playing up downstairs / Sister's sighing in her sleep / Brother's got a date to keep / He can't hang around

Our house, in the middle of our street
Our house, in the middle of our

Our house it has a crowd / There's always something happening / And it's usually quite loud / Our mum she's so house-proud / Nothing ever slows her down / And a mess is not allowed

Our house, in the middle of our street
Our house, in the middle of our

Our house, in the middle of our street
(Something tells you)
(That you've got to get away from it)
Our house, in the middle of our

Father gets up late for work / Mother has to iron his shirt / Then she sends the kids to school / Sees them off with a small kiss / She's the one they're going to miss / In lots of ways

Our house, in the middle of our street
Our house, in the middle of our

I remember way back then when / Everything was true and when / We would have such a very good time / Such a fine time / Such a happy time / And I remember how we'd play / Simply waste the day away / Then we'd say / Nothing would come between us / Two dreamers

Father wears his Sunday best / Mother's tired she needs a rest / The kids are playing up downstairs / Sister's sighing in her sleep / Brother's got a date to keep / He can't hang around

Our house, in the middle of our street
Our house, in the middle of our street
Our house, in the middle of our street
Our house, in the middle of our
Our house, was our castle and our keep
Our house, in the middle of our street
Our house, that was where we used to sleep
Our house, in the middle of our street
Our house, in the middle of our street"[60]

---

[60] Copyright: EMI Music Publishing Ltd.

The Godfathers: Birth, school, work, death (Peter Coyne / Chris Coyne) veröffentlicht 1988

„Been turned around till I'm upside down / Been all at sea until I've drowned / And I've felt torture, I've felt pain / Just like that film with Michael Caine

I've been abused and I've been confused / And I've kissed Margaret Thatcher's shoes / And I been high and I been low / And I don't know where to go

Birth, school, work, death
Birth, school, work, death

And heroin was the love you gave / From the cradle to the grave / Boys and girls don't understand / The devil makes work for idle hands

I cut myself but I don't bleed / 'Cause I don't get what I need / Doesn't matter what I say / Tomorrow's still another day

Birth, school, work, death
Birth, school, work, death

Yeah, I've been high and I've been low / And I don't know where to go / I'm living on the never, never, never / This time it's gonna be forever

I'll live and die don't ask me why / I wanna go to paradise / And I don't need your sympathy / There's nothing in this world for me

Birth, school, work, death
Birth, school, work, death"[61]

Alfred Adler: *Wozu leben wir?*

Nach seiner Entlassung aus der Nervenheilanstalt und während seines Aufenthalts im Auerhaus beschäftigt sich Frieder mit Texten, die ihm möglicherweise in seiner psychisch angespannten Situation helfen können. Dabei stößt er auch auf die Schrift *Wozu leben wir?* (1931) des österreichischen Psychologen Alfred Adler:

„Wenn wir einen Menschen fragen: ‚Was ist der Sinn des Lebens?', kann er vielleicht nicht antworten. Die Leute zerbrechen sich im Allgemeinen nicht den Kopf über diese Frage und versuchen nicht, Lösungen zu formulieren. Doch trifft es zu, dass die Frage so alt ist wie die menschliche Geschichte und dass auch heutzutage junge Menschen … oft in den Ruf ausbrechen: ‚Aber wozu das alles? Welchen Sinn hat das Leben?' Indessen dürfen wir behaupten, dass sie nur so fragen, wenn sie eine Niederlage erlitten haben. Solange das Lebensschifflein glatt dahinsegelt und keine schwierigen Prüfungen bestanden werden müssen, fassen sie die Frage nicht in Worte …

Es gibt so viele Vorstellungen vom Lebenssinn wie Menschen, und jede von ihnen ist, wie wir bereits vermuteten, mehr oder weniger falsch. Niemand besitzt den vollkommenen richtigen Lebenssinn; andererseits müssen wir zugeben, dass kein Sinn, der nur überhaupt zweckdienlich ist, als völlig falsch bezeichnet werden darf. Alle Sinnvorstellungen sind Spielarten zwischen diesen bei-

> Die Frage nach dem Sinn des Lebens ist so alt wie die Menschheitsgeschichte

---

[61] Copyright: GODFATHERS-MUSIC-ENGLAND / Sony/ATV Music Publishing (Germany) GmbH, Berlin

den Grenzen. Unter diesen Spielarten jedoch können wir solche unterscheiden, die bessere, und andere, die schlechtere Antworten geben: Bei manchen ist der Fehler gering, bei anderen beträchtlich. Wir können herausfinden, was es denn ist, das die besseren Sinnvorstellungen gemeinsam haben, und woran es den minderwertigeren gebricht. Auf diese Weise können wir zu einem wissenschaftlich begründeten ‚Sinn des Lebens' gelangen, zu einem gemeinschaftlichen Kennzeichen richtiger Sinnvorstellungen, zu einem Sinn, der uns in die Lage versetzt, der Wirklichkeit, soweit sie die Menschheit betrifft, zu begegnen …

Erste Hauptpflicht des Menschen

Jeder Mensch hat drei Hauptpflichten; ihnen muss er vor allem genügen. Sie machen für ihn die Wirklichkeit aus. Alle die Fragen, die sich ihm stellen, gehen in Richtung dieser Pflichten. Er muss ständig nach Lösungen für diese Fragen suchen, weil sie ihn täglich herausfordern, und seine Lösungsversuche zeigen uns seinen Begriff vom Sinn seines Lebens. Die erste dieser Pflichten ergibt sich daraus, dass wir auf der Rinde dieses armseligen Planeten, der Erde, leben und nirgends sonst. Wir müssen uns unter den Einschränkungen und mit den Möglichkeiten entwickeln, die uns dieser unser Wohnsitz bietet. Gleichermaßen körperlich und geistig müssen wir uns so entwickeln, dass wir unser persönliches Leben auf der Erde fortsetzen und die Zukunft der Menschheit sicherstelle können …

Zweite Hauptpflicht des Menschen

Hier kommen wir zu der zweiten Pflicht. Wir sind nicht die einzigen Angehörigen des Menschengeschlechts. Es gibt andere rund um uns, wir leben in ihrer Gesellschaft. Die Schwäche und die Begrenzungen des Menschen machen es ihm unmöglich, seine Ziele allein zu erreichen. Wenn er allein lebte und seine Aufgaben für sich allein zu bewältigen versuchte, müsste er zugrunde gehen. Er wäre nicht einmal imstande, sein eigenes Leben zu erhalten, viel weniger, für das Fortbestehen der Menschheit zu sorgen. Immer ist der Mensch an andere Menschen gebunden – wegen seiner eigenen Schwächen, Unzulänglichkeiten und Beschränkungen. Die wichtigste Vorbedingung für sein persönliches Wohl und das Wohl der Menschheit ist die Gesellschaft. Deshalb muss jede Lösung der Lebensprobleme diese Bindung berücksichtigen; sie darf die Tatsache nicht aus den Augen lassen, dass wir in Gesellschaft leben und umkommen mussten, wenn wir allein wären. Wenn wir überleben sollen, müssen selbst unsere Gefühle mit dieser wichtigsten aller Aufgaben und Zwecke und Ziele in Einklang stehen – der Fortdauer unseres persönlichen Lebens und des Lebens der Menschheit auf diesem Planeten, den wir bewohnen, in Zusammenarbeit mit unseren Mitmenschen.

Eine dritte Pflicht gibt es, die uns bindet. Der Mensch lebt in zwei Geschlechtern. Zum Zwecke der Erhaltung des Lebens jedes Einzelnen und der Gemeinschaft muss diese Tatsache berücksichtigt werden. Das Problem von Liebe und Ehe gehört in den Bereich dieser dritten Pflicht. Kein Mann und keine Frau kann sich einer Lösung entziehen. Sie geben sie durch das, was sie tun, wenn sie vor dieser Aufgabe stehen. Es gibt viele verschiedene Möglichkeiten, diese Aufgabe zu bewältigen; immer zeigt der einzelne durch seine Handlungen, welchen Begriff er von der einzigen Möglichkeit hat, in der die Aufgabe für ihn lösbar ist.

Dritte Hauptpflicht des Menschen

So setzen diese drei Pflichten drei Problemkreise: Wie finde ich eine Beschäftigung, die mich befähigt, unter den naturgegebenen Beschränkungen auf dieser Erde zu überleben? Wie finde ich eine Stellung unter meinen Mitmenschen, so dass ich mit ihnen zusammenarbeiten und die Wohltaten der Gemeinschaft genießen kann? Wie trage ich der Tatsache Rechnung, dass der Mensch in zwei Geschlechtern lebt und dass die Zukunft und Fortdauer des Menschengeschlechts von unserem Liebesleben abhängt? Der Individualpsychologie sind keine Lebensfragen bekannt, die nicht einer

Drei Problemkreise

dieser drei Hauptfragen zuzuordnen wären – derjenigen der Arbeit, der Gesellschaft und der Geschlechtlichkeit ...

<small>Lebenssinn ist nur möglich im Umgang mit anderen</small>

Gerade hier nun haben wir den allgemeinen Maßstab für die Unzulänglichkeit oder Richtigkeit der Vorstellungen vom ‚Sinn des Lebens'. Alle Versager – Neurotiker, Psychotiker, Kriminelle, Trinker, Sorgenkinder, Selbstmörder, Perverse und Prostituierte – sind Versager, weil ihnen das Gemeinschaftsgefühl und die Anteilnahme an der Gemeinschaft fehlt. Sie packen die Aufgaben der Arbeit, der Freundschaft und des Geschlechtslebens ohne die Überzeugung an, dass sie durch gemeinschaftliche Bemühungen gelöst werden können. Der Sinn, den sie dem Leben geben, ist ein privater Sinn: Niemand außer ihnen selbst hat einen Vorteil, wenn sie ihre Ziele erreichen, ihr Interesse richtet sich nur auf die eigene Person. Das Ziel ihres Erfolgsstrebens ist ein Ziel bloßer fiktiver persönlicher Überlegenheit, und ihre Triumphe bedeuten nur ihnen selbst etwas ... Ein privater Lebenssinn ist in der Tat überhaupt kein Sinn. Sinn ist nur möglich im Umgang mit anderen. Ein Wort, das nur für eine einzige Person sinnvoll wäre, wäre in Wirklichkeit sinnlos. Ebenso verhält es sich mit unseren Zielen und Handlungen: Ihr einziger Sinn ist der Sinn für andere. Jeder Mensch strebt nach Bedeutsamkeit; aber es ist ein Fehler, nicht zu sehen, dass unsere ganze Bedeutsamkeit in unseren Leistungen für andere besteht."[62]

Alex Rühle: *Schwäbische Lagune*

Als Beispiel von einer der vielen Rezensionen, die zu dem Roman *Auerhaus* erschienen sind, folgt hier ein Auszug aus dem Text *Schwäbische Lagune* von Alex Rühle aus der „Süddeutschen Zeitung":

---

[62] Auszug aus Adler, S. 13–17

„Bov Bjergs beglückend schöner Roman *Auerhaus* erzählt ohne falsche Nutella- und Bundeswehrparka-Nostalgie von einer Schüler-WG in einem Dorf der Achtzigerjahre.

Achtzehn. Herrliches Alter. Das Leben liegt vor einem wie die Great Plains, ein riesiges Versprechen, die Zukunft reicht noch so weit hintern Horizont. Und man ist sich sicher, es später mal anders zu machen als die eigenen Eltern, die feststecken in diesem absurd zwanghaften Alltag aus Arbeit, Küche, Altern.

Achtzehn. Furchtbares Alter. Die großen, ungelösten Fragen. Der Gefühlswirrwarr. Und Great Plains, my arse. Wobei, my arse hat man noch gar nicht gesagt Mitte der Achtziger. Schon gar nicht in der schwäbischen Provinz, wo die Bauern ‚Our House', das Lied der Band *Madness* mit ‚Auerhaus' übersetzen. Jedenfalls hat die Zukunft für Höppner, den jungen Erzähler dieses Romans, nichts Weites, Vielversprechendes an sich, er kriegt ja schon die Gegenwart nicht richtig hin. Sex haben immer nur die anderen; um der Bundeswehr und dem Zivildienst zu entgehen, bleibt ihm eigentlich nur die Flucht nach Berlin. Und außerdem muss er nebenbei aufpassen auf Frieder, damit der nicht noch mal versucht, sich umzubringen.

Damit fängt alles an: Frieder hat Schlaftabletten geschluckt und muss in die Psychiatrie. Als er wieder raus darf, raten ihm die Ärzte, zu Hause auszuziehen. Es gibt da dieses leer stehende Haus, mitten im Dorf, das seinem verstorbenen Opa gehörte. Die Eltern erlauben ihm, dort zu wohnen, aber nicht alleine. Für Höppner ist das die Chance ... zu entkommen ...

Höppner bringt seine Freundin Vera mit ins Auerhaus. Deren Mutter wiederum stimmt nur zu, wenn noch ein Mädchen mitkommt: die gutbürgerliche Cäcilia. Plötzlich sind die vier auf sich allein gestellt. Und machen sich die Welt, wie sie ihnen gefällt. ‚Wir lebten ein richtiges Leben mit Aufstehen und Frühstückma-

„Beglückend schöner Roman"

„Das Leben liegt vor einem wie die Great Plains"

chen und Federballspielen, mit Essen besorgen und zusammen Kochen' ...

„Eines der schönsten Bücher unserer Tage"

Bov Bjerg ist selbst in der schwäbischen Provinz aufgewachsen und Mitte der Achtzigerjahre nach Berlin gezogen, wo er nach der Wende Lesebühnen wie ‚Dr. Seltsams Frühschoppen' und die ‚Reformbühne Heim und Welt' gegründet hat. Lesebühne heißt: lakonisch schlanker Stil, treffsichere Dialoge, trockener Humor, klargezeichnete Charaktere – die Texte wirken dann oft schablonenhaft und so dermaßen auf die Pointe zuformuliert, dass das Ganze zu einem einzigen Witz wird. Bov Bjerg aber hat mit diesem schlanken Coming-of-Age-Roman eines der schönsten Bücher unserer Tage geschrieben ...

„Improvisierter Freiraum"

Wer es könnte, die Welt hochwerfen, dass der Wind durchfährt – für einige Monate gelingt den Freunden genau das, und als erwachsener Leser möchte man am liebsten selbst vorübergehend einziehen in diesen improvisierte Freiraum, in dem der Plätzchenteig mit leeren Weinflaschen ausgerollt wird und in dem sich nach und nach noch weitere gesellschaftliche Randfiguren ansiedeln, die Pyromanin Pauline, die Frieder aus der Psychiatrie kennt, der schwule Elektriker Harry, der als erster harte Drogen ins Haus bringt ... Man ahnt schnell, dass hier zu viele labile Charaktere aufeinander hocken, als dass dieses freischwebende soziale Mobile lange in der Balance bleiben kann.

„Essenz dieses Jugendgefühls"

... Vielleicht hatte Bjerg einen ... strengen Lektor, vielleicht hat er es auch ganz alleine geschafft, diesen Text immer weiter zu verdichten, bis eine Art Essenz dieses Jugendgefühls übrig blieb, eine cinemascopische Lebenssehnsucht, die das ganze Buch von innen durchtränkt.

„Großartiges Dokument dieser bedrückend windstillen Zeit"

Auerhaus ist aber auch ein großartiges Dokument dieser bedrückend windstillen Zeit, in der ganz Deutschland noch hinter der Mauer der Geschichte lebte, der Epoche, in der die meiste Popliteratur angesiedelt ist, ohne dass Bjerg deren billige Tricks bemühen würde: Das Auerhaus und dessen Bewohner werden nicht ausstaffiert mit Nutellagläsern und Bundeswehrparkas, es steht auch kein Golf vor der Tür; Bjerg kommt ohne die Utensilien der konsumistischen BRD aus und erzeugt trotzdem den miefigen Kohl-Geruch jener Jahre.

‚Wir hatten immer so getan, als ob das Leben im Auerhaus schon unser richtiges Leben wäre, also ewig', sagt Höppner am Ende. In Wahrheit aber sei es so gewesen, wie Frieder es mal formuliert habe: ‚Du hast die Augen zu und treibst auf deiner Luftmatratze, ein sanfter Wind weht, und du denkst, geil, jetzt lebe ich für den Rest meines Lebens in dieser Lagune, in der Südsee. Und dann machst du die Augen auf und merkst, es ist bloß ein Nachmittag am Baggersee, und zack ist der auch schon vorbei.' – So schnell kann's gehen, das Leben wie das Lesen, nach 150 Seiten ergreift einen erstmals die Melancholie, dass man die Bewohner des Auerhauses bald schon wieder verlassen muss; nach 240 Seiten ist es zu Ende, und man fängt von vorne an, in der irrealen Hoffnung, Frieder möge doch diesmal am Leben bleiben."[63]

Bov Bjerg: *Deadline*

Auerhaus ist der zweite Roman von Bov Bjerg. Sein Erstling *Deadline* erreichte bei weitem nicht diese Aufmerksamkeit und diese Verkaufszahlen. Er ist beim Verlag derzeit nicht einmal mehr lieferbar. Damit man sich in den besonderen Stil von Bov Bjerg einfühlen kann, folgt hier ein Auszug aus dem Anfangskapitel des Romans *Deadline*:

---

63 Rühle 2016

„Die Terrasse war ganz mit Gestein aus der Gegend belegt: Sandstein und Muschelkalk, Travertin, an den Stufen hinunter zum Rasen auch Schiefer. Der Sand- und der Kalkstein hatten die Plastikstopfen unter den Stahlrohrbeinen der Stühle (Sitzfläche und Lehne: Drahtgeflecht, kunststoffummantelt) abgewetzt | weggewetzt; jetzt lagen die scharfen Enden der Rohre blank und zerschabten | annullierten die Namen und Ziffern im Sand und im Kalk | machten sie ungeschehen. Am Rand der Terrasse war ein Kissenstein (Fruchtschiefer) eingefügt, den der Vater noch gemacht, aber nicht mehr verkauft hatte. Die Hinterbliebenen hatten auf Nachbesserung gedrungen, der Vater hatte sich geweigert. Name, ein Stern, vier Ziffern. Noch ein Stern, noch vier Ziffern.

Drei Biertische standen nebeneinander | parallel | schnitten sich im Unendlichen; sechs Bänke. Blaue Tischdecken (Seidenpapier, eins, zwei, drei, vier Lagen), darauf Kerzenhalter aus Glas, gelbe Kerzen, drei auf jedem Tisch. Eine am oberen Ende, eine in der Mitte, eine am unteren Ende. Zwischen den Kerzen lagen Sonnenblumen mit bastumwickelten Stängeln.

Auf jedem Tisch ein Kuchenrondell. In der Mitte jedes Kuchenrondells stießen in spitzen Winkeln Apfel (gedeckt), Schwarzwälder Kirsch, Käse-, Karotten- und Zucchinikuchen aufeinander, je zweiundsiebzig Grad. Drei Rondelle mit je fünf Einfünftelkreisen, das hieß: Vierzig Prozent des Kuchens standen noch in der Küche.

Die Schwester hatte sich etwas ausgedacht: Wer schon vierzig war, für den galt Dresscode schwarz-weiß. Jünger: bunt.

An den Biertischen saßen schwarz-weiß oder bunt gekleidete Frauen, die mit der Schwester zur Schule gegangen waren. Und Frauen, die Kinder hatten, die mit Yannick (dem Kleinen) zur Schule gingen. Und Frauen, die sowohl mit der Schwester zur Schule gegangen waren als auch Kinder hatten, die mit Yannick (dem Kleinen) zur Schule gingen.

Ein paar Männer waren auch da; das waren die Männer der Frauen und | oder die Männer der Mütter der Kinder. Kinder rannten durch den Garten und wurden von ihren Müttern ermahnt.

Zwei Spätgebärende | Spätgeborenhabende trugen ausgebeulte Tragetücher unter dem Kinn.

Eine Frau sagte: ‚Wie die Pinguine.'

Ein Mann: ‚Wie Papageien.'

Der Schwager (Pinguin) steckte Windschutzbleche (Stahlblech) an einen Grill. Er kippte Holzkohle in die Grillwanne (feueraluminiert) und zündete einen weißen Würfel an (Paraffin). Er fächerte | drückte mit einem Kehrblech Luft in die Kohle, Rauch flatterte heraus.

Der Schwager sagte: ‚Jetzt buchstabier mal, Ntschotschi.' Er zwinkerte.

Ich: ‚Ntschotschi?'

‚Wegen den Rauchzeichen, oder.'

‚Rauchzeichen?'

‚Vom Grill her. Die ich gerade gemacht hab'!'

Er hängte den Rost in die Windschutzblechkerben. Er sagte: ‚Ich muss noch mal an den Rechner.'

Mutter saß zwischen zwei grauen Gummireifen (Slicks) am Tisch. Die Schwester (‚noch Papagei!') drückte mit einem grellgrünen Plastiklöffel etwas vom Käsekuchen ab, hielt der Mutter den Löffel hin. Mutter öffnete den Mundwinkel, der Löffel glitt hinein. Die Schwester zog den Löffel heraus, der war jetzt verschmiert. Sie drückte wieder einen Bissen vom Kuchen. Die Mutter malmte.

Yannick (der Kleine) fragte seine Großmutter: ‚Schmeckt gut, gell?'

Die Schwester sagte, sie, die Großmutter, könne ihn nicht verstehen.

Er: ‚Aber sie guckt doch her.'

Die Schwester sagte, sie, die Großmutter, könne den Sinn nicht verstehen.

Die Mutter warf den Kopf nach hinten, schnappte nach Luft. Kopf des Brustschwimmers, bevor er die Arme nach vorn schiebt. Sie formulierte: ‚Gell.' Oder ‚rell' oder ‚bell' oder ‚hell'.

Eine Frau, deren Sohn mit Yannick zur Schule ging, sagte, dass es auf dem Gymnasium viel weniger Probleme geben werde mit Ausländern, oder sie sagte: mit Türken, oder sie sagte: mit türkischstämmigen Kindern, oder sie sagte: mit Kindern mit einem nichtdeutschen Hintergrund, und das hoffe sie auch.

Eine andere (Volljuristin, Nurhausfrau, Pinguin), deren Sohn mit Yannick zur Schule ging, fragte, wie das denn in Amerika klappe, die Eingliederung der ganzen Ausländer, das stelle sie sich ganz schön schwierig vor.

Ich sagte: ‚Es gibt nicht so viele Ausländer.'

Die Volljuristin kicherte, die andern Frauen runzelten die Stirnen.

Eine Frau, die mit der Schwester zur Schule gegangen war, sagte, dass Kochflächen aus Glaskeramik sehr einfach zu reinigen seien, mit einem feuchten Tuch oder einem Papier von der Küchenrolle. Auf keinen Fall Backofenspray oder so etwas oder Fleckentferner.

Eine sagte, der amerikanische Präsident sei ja bald wie Hitler. Yannick (der Kleine) sagte, der Präsident sei schlimmer als Hitler, denn Hitler habe immerhin das Rote Kreuz zu den Gefangenen gelassen (Papagei). Mutter schaute aus dem Rollstuhl auf und in die Ferne, als denke sie über das, was ihr Enkelsohn gesagt hatte, nach. Die Frauen nickten, ein Mann sagte: ‚Das ist gut!' Die Volljuristin hatte wieder ihr Nurhausfrauegesicht aufgesetzt. Sie sagte, dass die Schwester sich doch äußerst gut gehalten habe und dass sie, wenn sie es nicht besser wüsste, sie um mindestens zehn Jahre jünger schätzen würde.

Ein Junge nahm seinem Vater den Fotoapparat aus der Hand. Er ging ein paar Schritte rückwärts und setzte an, seine Eltern zu fotografieren. Ich sah das rote Lämpchen. Der Vater rief eine Weisung. Der Junge senkte die Kamera wieder und schaute hinüber zum Vater. Der Terrassenboden flackerte im Vorblitz, dann gleißte er im Blitzlicht auf, eine zweihundertfünfzigstel Sekunde lang. Der Junge ging herum und zeigte jedem das Bild auf dem kleinen Display. In großen Großbuchstaben: ‚Hofer'; kleiner darunter: ‚Alois und Maria'.

Auf einen Kuchenteller mit Resten (Schlagsahneschlieren, ein Randstück Karottenkuchen) streifte ich von den anderen Tellern die Reste und schob Teller um Teller unter den Resteteller.

Ein Kind, das neben seiner Mutter saß, kippte den Kopf zur Seite, schloss die Augen und legte die Hände gefaltet ans Ohr. Die Mutter strich dem Kind übers Haar.

Die Mutter: ‚Zum Sandmännchen sind wir wieder daheim.'
Das Kind: ‚Wann ist das?'
Ich trug den Tellerturm zur Terrassentür. 1851 plus 1935 ..."[64]

---

64 Bjerg 2008

6. PRÜFUNGSAUFGABEN MIT MUSTERLÖSUNGEN

Unter www.königserläuterungen.de/download finden Sie im Internet zwei weitere Aufgaben mit Musterlösungen.

Die Zahl der Sternchen bezeichnet das Anforderungsniveau der jeweiligen Aufgabe.

Aufgabe 1 *

Erschließen Sie die angegebene Textstelle (K 61/A 88 ab „Warum fiel Frieder das Klauen so leicht?" bis K 62/A 90 unten) aus dem Roman *Auerhaus*. Berücksichtigen Sie dabei den Inhalt der Textstelle, den Textzusammenhang und die sprachliche Gestaltung. Erörtern Sie, inwieweit bei dieser Textstelle das Auerhaus als idealer Ort des Zusammenlebens präsentiert wird.

Mögliche Lösung in knapper Fassung:
Inhalt, geordnet nach Sinnabschnitten

→ K 61, Zeile 1–5/A 88, Zeile 9–13:
  Gedanken des IEs über Frieders nicht vorhandene Angst
→ K 61, Zeile 6 bis K 62, Zeile 5/A 88, Zeile 14 bis A 89, Zeile 22:
  Dialog zwischen dem IE und Frieder über die Gestaltung einer Beerdigung und über Methoden des Selbstmords
→ K 62, Zeile 6–23/A 89, Zeile 23 bis A 90, Zeile 14:
  epischer Bericht mit wörtlichen Reden: von der Schlittenbahn zurück ins warme Auerhaus; gemeinsames Plätzchenbacken

→ K 62, Zeile 24–31/A 90, Zeile 15–24:
 Gedanken des IEs: die Wärme gibt ihm das Gefühl der Geborgenheit; in seiner Fantasie tritt Doris Day in die Küche und singt „Que sera"

Textzusammenhang
→ Nach dem Einzug ins Auerhaus besorgte Frieder durch Klauen im Supermarkt Lebensmittel.
→ Das Thema Tod und Selbstmord ist nach dem ersten Suizidversuch immer noch aktuell für Frieder.
→ Die Textstelle könnte als Höhepunkt des Zusammenlebens im Auerhaus gesehen werden.
→ Danach häufen sich die Probleme.

Sprachliche Gestaltung
→ Ich-Erzähler mit epischem Bericht, wörtlicher Rede und Gedanken des Ich-Erzählers
→ Sprachebene: Jugendsprache
→ Satzbau: parataktisch, teilweise sogar elliptisch
→ stilistische Besonderheiten: Wiederholungsfiguren („sagte", „Klauen", „Angst")

Auerhaus als idealer Ort des Zusammenlebens
→ Wärme, Geborgenheit, Solidarität
→ herrrschaftsfreie Kommunikation
→ Gleichberechtigung
→ Selbstbestimmung, Selbstversorgung
→ Ähnlichkeit zur heilen Welt von alten Hollywood-Filmen

Aufgabe 2 ***

Lesen Sie den Text *Die traurigen Streber* von Jens Jessen.
a) Sammeln Sie unter dem Motto „Die junge Generation 2008 auf der Anklagebank" die Vorwürfe des Verfassers.
b) Beurteilen Sie, wie die Hauptpersonen des Romans *Auerhaus* zu dieser pauschalen Charakteristik der „Jugend" passen.
c) Untersuchen Sie die Einstellung des Verfassers zu früheren Jugendkulturen.
d) Formulieren Sie aus Ihrer heutigen persönlichen Sicht eine argumentative Gegenrede.

„Die traurigen Streber. Wo sind Kritik und Protest der Jugend geblieben? Die Angst vor der Zukunft hat eine ganze Generation entmutigt. Eine Polemik.

„Die Verblödung der Künste [wurde] von den Jungen und Jüngsten vollbracht"

Soll man staunen über die Studenten, deren Berufswünsche Geld und Sicherheit heißen? Über ihren Zulauf zu skrupellosen Unternehmensberatungen, über das jugendliche Alter der Börsenspekulanten, der Hedgefondsmanager[65]? Über angehende Künstler, die keinen Charakter, sondern nur Erfolg auf dem Markt suchen? ... Die Verblödung der Künste, die primitiven Scherze der Fernsehunterhalter, die verächtlichsten und zynischen Werbesprüche, sie wurden nicht von verdorbenen Greisen, sondern von den Jungen und Jüngsten vollbracht.

Nun gut. Leichtfertigkeit und Bedenkenlosigkeit, hätte man noch vor Jahrhunderten gesagt, sind ein Zug der Jugend, sie werden vergehen. Aber wir waren es lange auch anders gewohnt. Auch Idealismus galt einmal als Zug der Jugend, das Nein zu Kompromiss, An-

---

[65] Hedgefonds: Investmentfonds, die aktiv verwaltet werden. In der Regel wird die Absicht verfolgt, überdurchschnittliche Renditen zu erzielen, wofür höhere Risiken in Kauf genommen werden.

passung und Geschäftemacherei. Die Generationen des Sturm und Drang, des Jungen Deutschland, lebten vom Aufbegehren gegen die Ständegesellschaft, die Herrschaft der Kirche, die ungerechten Verhältnisse. Jugend hat Revolutionen gemacht. Ihr Gerechtigkeitsempfinden konnte von Herkunft und Klasseninteressen absehen, Bürgerkinder haben für Proletarier gekämpft, Aristokraten in den französischen und russischen Aufständen des 19. Jahrhunderts.

… Und selbst noch in unserer jüngeren Vergangenheit, von 1968 bis weit hinauf in die achtziger Jahre der Hausbesetzer, Atomkraftgegner und Umweltschützer hat die Jugend sich gegen schlechte Verhältnisse empört, nicht das bessere, sondern das richtigere Leben gesucht …

Aber heute? Manches wird von Hochschulen und Unternehmen der Jugend vorgeworfen, mangelnde Bildung, Disziplin, Durchhaltevermögen, aber niemals: Aufsässigkeit. Und wie auch? Die Praktikanten und Berufsanfänger akzeptieren bis zur Charakterlosigkeit jede Bedingung, jede eingespielte Dummheit, jede ethisch bedenkliche Praxis. Sie blicken aus Rehaugen, die sich nur manchmal melancholisch verschleiern, auf die raue Welt der Wirtschaft und Politik und scheinen den Schwur getan zu haben, so schnell wie möglich zum Haifisch zu werden, um auch dort zu überleben, wo es von Feinden wimmelt. …

„Die Praktikanten und Berufsabgänger akzeptieren bis zur Charakterlosigkeit jede Bedingung"

Von grimmigen Vorgesetzten, Lehrern und Professoren muss die Jugend nicht mehr an die Kandare genommen werden; sie hat sich selbst schon in die Kandare gelegt … Gegen einen Tyrannen könnte sich die Jugend vielleicht empören, nicht aber gegen die Tyrannis der eigenen Selbstdisziplinierung … Junge Germanisten, die sich an Schillers, an Heines, an Brechts Ideologiekritik geschult haben, arbeiten bereitwillig und demutsvoll in PR-Abteilungen, die den Kunden und der Öffentlichkeit ein X für ein U vormachen. Junge Betriebswirte verkaufen im Außendienst Versicherungsverträge, deren Nutzlosigkeit für den Kunden ihnen offen zutage liegt. Junge Ingenieure, die den Wirkungsgrad der Energieerzeugung genau berechnen können, entwerfen Windkraftanlagen, deren Rentabilität allein auf irregeleiteten Subventionen beruht.

Man kann in dumpfes Brüten verfallen über die eingereichten Lebensläufe von Hochschulabsolventen, die tatsächlich alles enthalten, was heute gerne verlangt wird, Auslandsaufenthalte, soziale Hilfsdienste, Berufspraktika ohne Zahl, EDV- und Sprachkenntnisse. Sie enthalten nur eines nicht, können es auch gar nicht enthalten: persönliche Wege und Umwege zum Glück, denn für Selbstfindungen ist keine Zeit, nicht einmal für die winzigste in einem solch früh gestylten Lebensplan. Nur nicht bummeln! Nicht träumen, keine falschen Hoffnungen hegen. Es ist, als ob die Eltern ihre Abstiegsangst gnadenlos an die Kinder weitergereicht hätten ...

> „Die eingereichten Lebensläufe ... enthalten nur eines nicht ...: persönliche Wege und Umwege zum Glück"

Wer oder was, um Himmels willen, hat den jungen Leuten das darwinistische Weltbild[66] aufgeredet? Das Überleben der Stärksten allein? Hat sich etwas, was als ökonomisches Marktprinzip Sinn ergibt, zur Universalmetapher aufgeschwungen und alles Gnädig-Humane auf den Schrotthaufen der Illusionen befördert? Denn die jungen Leute glauben ja nicht, dass die Welt gut ist, wie sie ist. Nichts wäre falscher, als ihnen nachzusagen, sie seien unkritisch. Sie glauben aber auch nicht, dass sich die Welt zum Besseren verändern ließe, den privaten Raum vielleicht ausgenommen ... Der Wirtschaftsdarwinismus als Weltbild kann sich vielleicht nur aufdrängen, wenn eine konkurrierende Lebenswelt, wie zweifelhaft auch immer, gar nicht mehr vorhanden ist. Alternativen müssen nicht besser sein, um Trost zu spenden, allein dass es überhaupt welche gibt, ist ein Beweis gegen die Unentrinnbarkeit des Beste-

> „Wer oder was ... hat den jungen Leuten das darwinistische Weltbild aufgeredet?"

---

66 Darwinistisches Weltbild: Theorie zur Erklärung der Evolution nach Charles Darwin, wobei insbesondere die natürliche Auslese, d. h. das Selektionsprinzip, im Vordergrund steht.

henden und ein starker Anreiz, weitere und nun vielleicht wirklich bessere Alternativen zu finden.

Aber wo wären sie zu suchen? Jugend ist ja nicht nur die Summe von persönlichen Schicksalen einer Generation, es ist auch eine Kultur, ein Ensemble von Moden, Büchern, Musik und Filmen, die von Jüngeren für Jüngere gemacht werden. Dort ist aber erst recht nicht mehr von Aufbruch und Aufruhr die Rede, es geht ein großes sanftes Klagen durch die jüngere Literatur, ein Auswalzen von Familie und Familiengeschichten, und das Äußerste an Utopie, das die Musik bietet, ist die Utopie einer rauschhaften Party des Vergessens ...

„Es geht ein großes sanftes Klagen durch die jüngere Literatur"

Eine düstere Verschwörungstheorie besagt, es gebe ein Interesse des Kapitals an der Entmutigung der Jugend und ihrer Zurichtung zu willigen Vollstreckern der Wirtschaft. Aber in Wirklichkeit ist nur schwer denkbar, dass Arbeitgeber an fantasiearmem, eingeschüchtertem und blind angepasstem Nachwuchs Vergnügen finden. Jede Unternehmung braucht ein dynamisches Prinzip; und wer sollte den Weg aus den hergebrachten Üblichkeiten finden als die Jugend, die noch gar nicht weiß, was üblich ist? ...

Es ist leicht, zu sagen, dass eine Gesellschaft, wenn sie Zukunft haben will, sich eine solche Entmutigung der Jugend nicht leisten kann. Schwerer ist zu sagen, wen man dafür verantwortlich machen soll. Einiges deutet sogar darauf hin, dass die Möglichkeiten zu Protest und Auflehnung von der Jugend pessimistischer eingeschätzt werden als nötig. Der Erfolg von Attac[67], den international tätigen und gut vernetzten Globalisierungskritikern, zeigt ein anderes Bild der Jugend. Aber die Umfragen, die erst kürzlich unter Studenten oder in der Generation unter dreißig angestellt wurden, belegen doch das rapide geschwundene Interesse an Politik und

„Das rapide geschwundene Interesse ... an Informationen, die sich nicht unmittelbar für den eigenen Alltag nutzen lassen"

---

67 Attac: globalisierungskritische Nichtregierungsorganisation

Gesellschaft, überhaupt auch nur an Informationen, die sich nicht unmittelbar für den eigenen Alltag nutzen lassen. An persönlichem Erfolg, sei es im Beruf oder in der Liebe, sind alle interessiert, an Fragen der sozialen Gerechtigkeit eine schwindende Anzahl. Mit dem Vorwurf von Egoismus und Wegduckerei ist das Phänomen nicht erklärt, denn auch der Rückzug aufs Private und das „Ich zuerst" sind nur der Ausdruck einer Depression, die von der Zukunft nichts erwartet. Rette sich, wer kann! Manches spricht dafür, dass die Jugend unsere Gesellschaft zerfallen sieht und nur noch das eigene Überleben sichern will."[68]

Mögliche Lösung in knapper Fassung:
a) Vorwürfe des Verfassers an die Jugend 2008
→ fehlende Aufsässigkeit der heutigen Jugend
→ Akzeptanz des Ellbogen-Systems und des darwinistischen Weltbildes
→ übertriebene Selbstdisziplinierung
→ fehlender Glaube an Utopien und Alternativen
→ geschwundenes Interesse an Politik und an dem Wert sozialer Gerechtigkeit
→ Egoismus nach dem Motto „Ich zuerst"

b) Verhalten der Hauptpersonen des Romans
Für den **Ich-Erzähler** sind die Vorwürfe im Wesentlichen nicht zutreffend:
→ Er engagiert sich für seinen Freund Frieder.
→ Er ist kein unbedingter Karrierist, eher das Gegenteil.
→ Er will dem Wehrdienst ausweichen.

---
[68] Jessen 2008

→ Sein Interesse an und sein Wissen über Politik ist allerdings eher dürftig.

Für **Frieder** sind die Vorwürfe nicht zutreffend:
→ Er ist vielmehr anarchisch, sehr gesellschaftskritisch und in seinem Denken radikal.

Für **Pauline** sind die Vorwürfe nicht zutreffend:
→ Sie ist anarchisch und – auch aufgrund ihrer psychischen Probleme keineswegs auf eine berufliche Karriere fixiert.

Für **Harry** sind die Vorwürfe nur teilweise zutreffend:
→ Er ist mit seiner beruflichen Situation als Elektriker relativ zufrieden, hat aber eine gefährliche Nähe zum illegalen Drogen- und Prostitutions-Milieu.
→ Auffallend ist eine gewisse Konsum-Orientierung, was das Statussymbol Auto betrifft.

Für **Vera** sind die Vorwürfe nicht zutreffend:
→ Sie ist sehr sozial engagiert, fühlt sich auch für Frieder mitverantwortlich und folgt auch teilweise dessen anarchischem Lebensstil.

Für **Cäcilia** sind die Vorwürfe am ehesten zutreffend:
→ Ihre soziale und solidarische Orientierung reicht nur soweit, wie dadurch ihre angestrebte berufliche Karriere nicht gefährdet ist.
→ Sie steigt als erste aus dem Projekt Auerhaus aus.

c) Einstellung zu früheren Jugendkulturen
→ Der Verfasser erwähnt als Beispiel aus dem 19. Jahrhundert den Sturm & Drang und das Junge Deutschland, als Beispiel aus dem

20. Jahrhundert die sog. 68er-Bewegung (Hausbesetzer, Atomkraftgegner, Umweltschützer).
→ Ihnen attestiert er Idealismus, das Nein zu Kompromissen, zur Anpassung und zur Geschäftemacherei.
→ Sie begehrten gegen Ungerechtigkeit auf (z. B. gegen die Ständegesellschaft), sie waren für revolutionäre Veränderungen, sie kämpften für das richtige (nicht: das bessere) Leben.

d) Mögliche Gegenargumente
→ Der Verfasser erhebt eine nur pauschale Kritik an „der" Jugend, er differenziert nicht.
→ Der Verfasser idealisiert frühere Epochen.
→ Der Verfasser übersieht, dass man auch durch kleine Schritte innerhalb des Systems Veränderungen herbeiführen kann.

Aufgabe 3 ***

> Setzen Sie sich – wie das auch der Ich-Erzähler in dem Roman beim schriftlichen Abitur tut – mit dem Text von Dieter Wellershoff auseinander.
> Überprüfen Sie dabei, welche Rolle die Literatur für die Personen in dem Roman *Auerhaus* hat und erörtern Sie an eigenen Leseerfahrungen die Thesen von Wellershoff.

Literatur als Simulationstechnik
Literatur ist in meinem Verständnis eine Simulationstechnik.

<small>Literatur als der Lebenspraxis beigeordneter risikofreier Simulationsraum</small>

Der Begriff ist in letzter Zeit populär geworden durch die Raumfahrt, deren vollkommen neuartige Situationen, der praktischen Erfahrung vorauslaufend, zunächst künstlich erzeugt und durchgespielt werden. Die Astronauten lernen im Übungsraum sich den Bedingungen der Schwerelosigkeit anzupassen, sie trainieren die Steuerungsvorgänge, das Verändern und Verlassen einer Umlaufbahn, die weiche Mondlandung, den Wiedereintritt in die Erdatmosphäre, überhaupt alle kritischen Phasen des späteren Ernstfalles zunächst an Geräten, die die realen Bedingungen fingieren, das heißt, ohne um den Preis von Leben oder Tod schon zum Erfolg genötigt zu sein. Das ist, wie mir scheint, eine einleuchtende Analogie zur Literatur. Auch sie ist ein der Lebenspraxis beigeordneter Simulationsraum, Spielfeld für ein fiktives Handeln, in dem man als Autor und als Leser die Grenzen seiner praktischen Erfahrungen und Routinen überschreitet, ohne ein wirkliches Risiko dabei einzugehen. Der Leser des Abenteuerromans lässt sich auf die waghalsigsten Unternehmungen ein, weil er weiß, dass er nicht dabei umkommen wird. Er würde wesentlich vorsichtiger sein und wahrscheinlich darauf verzichten, sich durch den Urwald zu schlagen oder durch die Wüste zu reiten, wenn er sich für diese Erweiterungen seines alltäglichen Handlungsspielraums den imaginierten[69] Gefahren einschließlich der Möglichkeit seines Todes tatsächlich aussetzen müsste. Aber Abenteuer- und Reiseroman sind bloß extensive[70] Überschreitungen der Lebenspraxis und bleiben in ihrer Sichtweise meist konventionell[71], sie bringen neuen Stoff in gewohnten Kategorien, während die eigentliche Literatur, gleichgültig, ob sie nun ein fremdartiges oder alltägliches Material verarbeitet, vor allem die gewohnten Schemata der Erfahrung angreift und verändert. Sie versucht den Leser zu irritieren, ihm die Sicherheit seiner Vorurteile und gewohnten Handlungsweisen zu nehmen, sie macht ihm das scheinbar Bekannte unvertraut, das Eindeutige vieldeutig, das Unbewusste bewusst und öffnet ihm so neue Erfahrungsmöglich-

---

69 imaginiert: nur in der Vorstellung vorhanden, eingebildet
70 extensiv: ausgedehnt, umfassend
71 konventionell: auf Übereinkunft, Brauch beruhend

keiten, die vielleicht verwirrend und erschreckend sind, aber auch die Enge und Abstraktheit der Routine durchbrechen, auf die er in seiner alltäglichen Praxis angewiesen bleibt. Der Gegensatz lässt sich also auch hier nachweisen: der Tendenz des zweck- und erfolgsbestimmten Handelns, das Verhalten zu stabilisieren und die verwirrende Vielfalt der Lebensaugenblicke auf praktikable Schemata zu bringen, wirkt kompensierend die Tendenz der Literatur entgegen, diese Schemata zu stören. Gegenüber der etablierten[72] Lebenspraxis vertritt sie also die unausgeschrittenen und verdrängten Möglichkeiten des Menschen und die Unausschöpfbarkeit der Realität und bedient damit offenbar Bedürfnisse nach mehr Leben, nach weiteren und veränderten Erfahrungen, die gewöhnlich von der Praxis frustriert werden. Aber nur deshalb, weil er nicht zum Erfolg verpflichtet ist, weil er nur fiktive Risiken eingeht, kann der Leser den Schutz seiner Gewohnheiten verlassen und neue Erfahrungen machen, einschließlich der negativen Veränderungen, die er sonst um jeden Preis vermeiden würde. Die Simulationstechnik der Literatur erlaubt es ihm, fremde Verhaltens- und Denkweisen in seinen Erfahrungsspielraum mit einzubeziehen, also weniger borniert[73] zu sein, und in Bezug auf den gesellschaftlichen Zusammenhang weniger normenkonform."[74]

---

[72] etabliert: begründet, errichtet
[73] borniert: geistig beschränkt, engstirnig, stur
[74] Wellershoff, 1969, S. 21–23

Mögliche Lösung in knapper Fassung:
Inhaltliche Zusammenfassung des Textes von Wellershoff
Literatur =
→ eine Simulationstechnik (vgl. Raumfahrt), ein der Lebenspraxis beigeordneter Simulationsraum
→ ein Spielfeld für fiktives Handeln ohne wirkliches Risiko (vgl. Abenteuerroman)
→ ein Beitrag zur Veränderung der gewohnten Erfahrungsschemata
→ ein Werkzeug zur Irritation des Lesers, das gegen Vorurteile, Routine und gedankliche Enge (Borniertheit) wirkt

Bedeutung der Literatur für die Bewohner des Auerhauses
→ Im Deutschunterricht am Gymnasium wird Goethes *Werther* behandelt: Möglichkeit der Reflexion über das Thema „Selbstmord".
→ Der IE sieht sich als eifrigen Leser, der sich sogar Gedanken über den Bestand einer Gefängnisbibliothek macht.
→ Frieder befasst sich mit psychologischen Schriften (z. B. von Alfred Adler) zum Thema Suizid, um damit seine eigene Situation zu reflektieren.
→ Insgesamt ist weniger die Literatur, sondern vielmehr das gemeinsame Wohnprojekt im Auerhaus eine Form der Simulation (oder: Erprobung) des richtigen Lebens.

Eigene Leseerfahrungen
Möglich sind hier sehr unterschiedliche Beispiele, etwa die Lektüre von utopischen Romanen.

Aufgabe 4 **

Der Journalist Jan Wiele schrieb über den Roman *Auerhaus* in der „Frankfurter Allgemeinen Zeitung", hier finde man „sehr treffende Erinnerungen an das Aufwachsen in der deutschen Provinz in den achtziger Jahren"[75]. Untersuchen Sie, inwieweit diese drei Aspekte (das Aufwachsen, die Provinz, die 80er Jahre) in dem Roman eine Rolle spielen.

Mögliche Lösung in knapper Fassung:

Als typische Probleme, die in der **Adoleszenz** auftreten, können anhand des Romaninhalts angesprochen werden:

→ problematisches Verhältnis zu den Eltern (Ablösung von der Herkunftsfamilie)
→ erste sexuelle Erfahrungen mit heterosexuellen oder gleichgeschlechtlichen Partnern (Problem der freien oder der käuflichen Liebe)
→ problematisches Verhältnis zu den Lehrern und zu den in der Schule vermittelten Lerninhalten
→ Problem der Selbstfindung (z. B. auch bei der Berufswahl)
→ prekäre Identitäts- und Sinnsuche
→ Entwicklung eines eigenen Wertesystems

Die Rolle der **Provinz**:
Der Roman kontrastiert den kleinen Ort auf der schwäbischen Alb, wo das „Auerhaus" steht, mit der nahegelegenen Stadt (Schule, Fußgängerzone, Nervenheilanstalt) und der fernen Großstadt Berlin (damals noch: West-Berlin) als ein erträumter Ort der Freiheit.

---

[75] Wiele 2015

Der Zeitgeist der **80er Jahre** spiegelt sich in mehreren Aspekten des Romans und seiner Protagonisten:
→ Musik der 80er Jahre aus dem Kassettenrekorder
→ noch keine modernen Kommunikationsmedien (Smartphone, Internet, soziale Netzwerke)
→ zweite Phase des RAF-Terrorismus
→ Umweltschutz als neues politisches Thema (z. B. Massentierhaltung)
→ Punk-Bewegung (vgl. Pauline und ihr Hang zur Brandstiftung)

LITERATUR

Zitierte Ausgaben
Bjerg, Bov: *Auerhaus.* Stuttgart: Ernst Klett Sprachen, 2016 (Ausgabe mit Annotationen für den Einsatz im Unterricht).
→ Zitatverweise sind mit **K** gekennzeichnet.
Bjerg, Bov: *Auerhaus.* Berlin: Aufbau Verlag, 2017 (Taschenbuch-Ausgabe). → Zitatverweise sind mit **A** gekennzeichnet.

Weitere Ausgabe
Bjerg, Bov: *Auerhaus.* Berlin: Blumenbar, Aufbau Verlag, 2015 (gebundene Ausgabe).

Weitere Werke des Autors
Bjerg, Bov: *Deadline.* Halle: Mitteldeutscher Verlag, 2008; ein Auszug des Romans ist im Internet abrufbar unter: http://jungle-world.com/artikel/2008/34/22505.html (Stand März 2017).
Bjerg, Bov: *Die Modernisierung meiner Mutter.* München: Blumenbar Verlag, 2016.

Vergleichbare Primärliteratur
Dean, Martin R.: *Falsches Quartett.* Salzburg: Jung und Jung Verlag, 2014.
Goethe, Johann Wolfgang: *Die Leiden des jungen Werther.* Stuttgart: Reclam, 1999.
Hensel, Kai: *Klamms Krieg.* Bamberg: Buchners Schulbibliothek der Moderne, 2015.
Herrndorf, Wolfgang: *Tschick.* Hamburg: Rowohlt Taschenbuch Verlag, 2012.

Hesse, Hermann: *Unterm Rad.* Frankfurt am Main: Suhrkamp, 2010.
Lebert, Benjamin: *Crazy.* München: cbt Verlag, 2009.
Meyer, Clemens: *Als wir träumten.* Frankfurt am Main: Fischer Taschenbuch Verlag, 2010.
Musil, Robert: *Der junge Törleß.* Hamburg: rororo, 2008.
Plenzdorf, Ulrich: *Die neuen Leiden des jungen W.* Frankfurt am Main: Suhrkamp, 1976.
Strauß, Emil: *Freund Hein.* Stuttgart: Reclam, 1995.
Torberg, Friedrich: *Der Schüler Gerber.* München: dtv, 1973.
Uhlmann, Thees: *Sophia, der Tod und ich.* Köln: Kiepenheuer & Witsch, 2015.
Wedekind, Frank: *Frühlings Erwachen.* München: dtv, 1997.

Sekundärliteratur

Adler, Alfred: *Wozu leben wir?* Frankfurt am Main: Fischer Taschenbuch Verlag, 2006 (11. Aufl.).
Broich, Ulrich/ Pfister, Manfred (Hrsg.): *Intertextualität. Formen, Funktionen, anglistische Fallstudien.* Tübingen: Niemeyer, 1985 (Konzepte der Sprach- und Literaturwissenschaft).
Jessen, Jens: *Die traurigen Streber.* In: „Die Zeit", Nr. 36/2008, S. 43 f.; im Internet abrufbar unter: http://www.zeit.de/2008/36/Jugend-ohne-Charakter (Stand März 2017).
Kaulen, Heinrich: *Von Törleß zu Trainspotting. Über Adoleszenzromane zwischen Moderne und Postmoderne.* In: „Extra – Beilage der Wiener Zeitung" vom 2. 4. 2009; im Internet abrufbar unter: http://www.jugendliteratur.net/pdf/Kaulen_1001Buch_1_99.pdf (Stand März 2017).
Piltz, Mirja: *Der Suizid in der deutschsprachigen Erzählliteratur, dargestellt in ausgewählten Werken des 19. und 20. Jahrhun-*

derts (Diss. Saarbrücken 2013); im Internet abrufbar unter: http://scidok.sulb.uni-saarland.de/volltexte/2013/5447/pdf/ Piltz_Dissertation.pdf (Stand März 2017).

Schlesak, Dieter: *Capesius, der Auschwitzapotheker.* Bonn: Verlag J. H. W. Dietz, 2006.

Schlobinski, Peter: *Jugendsprache und Jugendkultur.* In: „Aus Politik und Zeitgeschichte" (5/2002), S. 23–40; im Internet abrufbar unter: http://www.bpb.de/apuz/27135/jugendsprache-und-jugendkultur?p=all (Stand März 2017).

Stanzel, Franz K.: *Typische Formen des Romans.* Göttingen: Vandenhoeck & Rupprecht, 1974 (7. Aufl.).

Wellershoff, Dieter: *Literatur und Veränderung. Versuche zu einer Metakritik der Literatur.* Köln und Berlin: Kiepenheuer & Witsch, 1969; im Internet abrufbar unter: www.stiftikus.de/lesen/litsimul.doc (Stand März 2017).

Rezensionen

Becker, Tobias: *WG-Roman „Auerhaus": Der Sommer ihres Lebens.* Im Internet abrufbar unter: http://www.spiegel.de/kultur/literatur/auerhaus-von-bov-bjerg-der-sommer-ihres-lebens-a-1043602.html (Stand März 2017).

Hugendick, David: *Bitte nicht vor 18 sterben. Bov Bjerg beschwört in „Auerhaus" die Freiheit der Jugend.* In: „Die Zeit" 48/2015, 26. November 2015; im Internet abrufbar unter: http://www.zeit.de/2015/48/auerhaus-bov-bjerg-coming-of-age-roman-jugend (Stand März 2017).

Praschl, Peter: *Zeig mir die Achtzigerjahre in zärtlich.* Im Internet abrufbar unter: http://www.welt.de/kultur/literarischewelt/article144132251/Zeig-mir-die-Achtzigerjahre-in-zaertlich.html (Stand März 2017).

Rühle, Alex: *Comin-of-Age. Schwäbische Lagune*. In: „Süddeutsche Zeitung" vom 08. 01. 2016; im Internet abrufbar unter: http://www.sueddeutsche.de/kultur/comin-of-age-schwaebische-lagune-1.2809565 (Stand März 2017).

Schmidt, Nicole: *Schichten. Bov Bjergs erster Roman „Deadline" handelt von Graben, Wühlen, Schürfen und Schleifen*. In: „literaturkritik.de", Nr. 10, Oktober 2008; im Internet abrufbar unter: http://literaturkritik.de/id/12295 (Stand März 2017).

Wiele, Jan: *Rendezvous mit Joe Black. Rührend jugendlich, unglaublich komisch und voller Melancholie: Thees Uhlmann und Bov Bjerg begegnen in ihren Romanen dem Tod mit einem Lächeln*. In: „Frankfurter Allgemeine Zeitung" vom 28. 11. 2015; im Internet abrufbar unter: http://www.buecher.de/shop/schwaben/auerhaus/bjerg-bov/products_products/detail/prod_id/42690285/ (Stand März 2017).

Internet-Adressen (Stand März 2017)
http://www.bjerg.de/
    → Informationen zum Autor, seinen Lesungen und Büchern.
http://www.auerhaus.de/
    → Informationen zum Roman, Autor, zu dem Hörbuch und zu Musiklisten.

STICHWORTVERZEICHNIS

Adoleszenzroman 10, 66, 70–72
Außensicht 9, 56, 58
bildliche Vergleiche 63
Chronologie, chronologisch 33, 35, 57
Dialog 91, 92, 99, 112, 118
Dingsymbol 10, 66, 69
direkte Rede 10, 56, 58, 91
Diskontinuität 33
epischer Bericht 9, 56, 58, 118, 119
Erzählperspektive 9, 56, 57
erzählte Zeit 33
Erzählzeit 33
fiktional, fiktiv 57, 89, 90, 110, 127–129
Freitod 43, 75, 78, 79
Ich-Erzählhaltung 9, 56, 57, 71
indirekte Rede 10, 56, 58
Innensicht 9, 56, 58
Intertextualität 10, 66, 88

Jugendsprache 10, 56, 60–62, 64, 119
Kommentar 9, 56, 58
Kommunikation 10, 17, 60, 66, 74, 88, 91, 92, 119, 131
Leitmotiv 66
Metapher 63, 92, 122
RAF 6, 13, 15–17, 44, 55, 131
Rezension 94, 95, 101, 110
Rückblende 7, 32–34
Schülerselbstmord, Schülersuizid 75, 82
Selbstmord 8, 10, 16, 20, 24–26, 32–35, 40, 41, 43, 66, 75, 77, 78, 81, 84, 88, 89, 118, 119, 129
Suizid 7, 25–27, 31, 35, 36, 41, 43, 61, 68, 69, 77–79, 81, 82, 119, 129
Utopie, utopisch 10, 66, 73, 76, 123, 124, 129
Vorausschau, Vorgriff 7, 33, 35, 89